Hans-Werner Schroeder · Die Christengemeinschaft

Hans-Werner Schroeder

Die Christengemeinschaft

Entstehung
Entwicklung
Zielsetzung

Urachhaus

CIP-Titelaufnahme der Deutschen Bibliothek

Schroeder, Hans-Werner:
Die Christengemeinschaft: Entstehung, Entwicklung, Zielsetzung /
Hans-Werner Schroeder. – Stuttgart: Urachhaus 1990
ISBN 3-87838-649-4

ISBN 3 87838 649 4

Umschlag: Peter Keidel, Stuttgart
Satz und Druck der Offizin Chr. Scheufele, Stuttgart

Inhalt

Innere und äußere Voraussetzungen

Von der Entstehungs- und Entwicklungsgeschichte der Christengemeinschaft, von ihrer Zielsetzung und den ihr zugrundeliegenden geistigen Gesetzmäßigkeiten soll in diesem Buch die Rede sein; dabei wird es sich hier mehr um eine zusammenfassende Überschau handeln müssen; eine gründliche, ins einzelne gehende Darstellung muß späteren Arbeiten überlassen werden. Dieses Buch soll einführenden Charakter haben.[1]

Zunächst sei der Blick auf die geschichtliche Situation gerichtet, die 1922 das menschlich-soziale und geistige Umfeld für die Entstehung der Christengemeinschaft bildete. Der Erste Weltkrieg lag wenige Jahre zurück; von seinen katastrophalen Auswirkungen ist zunächst zu sprechen.

Vorgeschichte und Umfeld

Der Erste Weltkrieg endete mit äußeren, aber auch mit inneren, geistigen Zusammenbrüchen, die weitreichende Folgen, zunächst für den mitteleuropäischen Bereich, heraufführten. Vieles geriet jetzt ins Wanken, was bis dahin festen Grund für das menschliche Leben abzugeben schien. Vor allem diejenigen, welche als Soldaten den Kriegsereignissen unmittelbar ausgesetzt waren oder gar – wie Emil Bock – schwer verwundet wurden, hatten die ganze Fragwürdigkeit der bisherigen sozialen Ordnungen am eigenen Leib erlebt; ihnen mußte die Frage nach Erneuerungskräften für das soziale Leben der Menschheit, die einen Fortschritt im Zusammenleben der Menschen und Völker bringen könnten, auf der Seele brennen.

Andere erfuhren erst im Zusammenbruch selbst, im schmachvollen Abdanken des Kaisers, der höchsten staatlichen Autorität, den entscheidenden Anstoß, neue Orientierungen für die Zukunft zu suchen und über das soziale Chaos der damaligen Zeit hinauszufragen. Zudem gab es nun wohl kaum eine Familie in Deutschland, die nicht im engeren oder weiteren Kreis

Gefallene oder Verwundete zu beklagen hatte. Oft waren gerade die hoffnungsvollsten Menschen im Felde geblieben. Der Krieg hatte unübersehbare Lücken in die Reihen der jungen Generation gerissen; überall waren die Schicksalsfelder aufgewühlt.

All dies hatte den Willen zur Erneuerung in vielen Seelen angefacht. Und nicht nur in anthroposophischen Bestrebungen und in der Begründung der Christengemeinschaft war dies spürbar, sondern auch im Anwachsen der Jugendbewegung, die weite Kreise der damaligen Jugend ergriff; sie war zwar schon zu Beginn des Jahrhunderts (Wandervogel) kräftig hervorgetreten, nahm nun aber einen gewaltigen Aufschwung. Doch auch über die Jugendgeneration hinaus war in weiten Kreisen Mitteleuropas das Suchen und Fragen nach neuen Wegen aufgebrochen. Der Erste Weltkrieg hatte den Boden dafür bereitet.

Noch etwas anderes ist dabei zu bedenken: Die Gefallenen des Ersten Weltkriegs waren durch ihren Tod zwar dem irdischen Wirken entschwunden, aber im geistigen Dasein lebten sie – wie jeder Verstorbene – fort. Mußte in den Opfern dieses Krieges nicht ein starker Wille da sein, von »jenseits der Schwelle« dafür zu wirken, daß in Zukunft ähnliche Katastrophen wie die des Ersten Weltkriegs durch eine Erneuerung des sozialen und geistigen Lebens auf Erden vermeidbar würden?

Nur wer meint, daß das Dasein nach dem Tode nichts mit den Geschehnissen im Erdenleben zu tun habe, wird den Opfern des Ersten Weltkriegs für die Zeit nach dem Krieg keine Bedeutung beimessen. Anders stellt sich die Sache für den dar, der annehmen kann, daß die Verstorbenen auf *ihre* Weise am Leben der auf Erden zurückgebliebenen Menschen teilzunehmen suchen, daß sie deren Gedanken und Gefühle mitbestimmen und ihre Taten inspirieren können. Die unverbrauchten Lebenskräfte der gefallenen jungen Menschen suchten nach dem Tode – so darf man wohl sagen –, in all das hereinzuwirken, was an Erneuerung im Irdischen Platz greifen sollte.[2]

Auf diese Weise haben die Toten des Ersten Weltkriegs eine Bedeutung für das jäh anwachsende Interesse an der Verwirklichung neuer Kulturimpulse und so auch für die Entstehung der Christengemeinschaft. Den aufbrechenden Fragen der Lebenden kamen Inspiration und Impulsierung von seiten der jüngst Verstorbenen entgegen.

Die bestehenden Kirchen

Die Kriegsereignisse und der Zusammenbruch blieben auch für das kirchliche Leben in Deutschland nicht ohne schwere Folgen. Mit der Abdankung des deutschen Kaisers war den evangelischen Landeskirchen in Deutschland auch ihr »oberstes landesherrliches Kirchenregiment« verlorengegangen (Luther hatte ja seine Reformation an die staatliche Autorität der damaligen Landesherren angelehnt, um die äußere Autorität des katholischen Bischofsamtes zu ersetzen, die ihm als einfachen Priester fehlte.)[3]

Und dieser Umbruch war mehr als nur eine juristische Angelegenheit: begleiteten ihn doch Erschütterungen des religiösen Lebensgefühls, die wir heute kaum nachvollziehen können. Tiefgreifender aber war wohl die Tatsache, daß man von christlichen Kanzeln herab unverhohlen für Krieg und deutschen Sieg gesprochen und dafür im Gottesdienst gebetet hatte, daß an beiden Fronten Waffen geweiht, Soldaten ins Feld geschickt worden waren in dem Bewußtsein, mit der nationalen Sache zugleich auch eine christliche zu verfechten. All dies mußte nun zu starken Rückschlägen auf kirchlichem und religiösem Feld führen: hatten die Kirchen nicht in dieser nationalen Haltung – und auch die Kirchen im feindlichen Lager – völlig versagt und ihre Völker fehlgeleitet?

Viele Menschen waren überdies durch die Kriegsereignisse selbst am göttlichen Weltregiment irre geworden. Konnte angesichts der verheerenden Geschehnisse noch an das Wirken einer guten göttlichen Macht geglaubt werden? War nicht millionenfach offenbar geworden, daß kein Gebet, kein Gottesdienst in den vielen Kriegsschicksalen geholfen hatte? Wo war Gott in all diesem Elend und in den Zerstörungen des Krieges? Wo war der Sieg des Guten, der Sinn der Opfer des Krieges, das Walten der Gerechtigkeit?

Allerdings waren nicht die Kriegserlebnisse allein Anlaß und Ausgangspunkt für die vielen Umbrüche unseres Jahrhunderts, sie lagen sozusagen schon »in der Luft«, doch gewannen sie durch den Ersten Weltkrieg an Eindringlichkeit, an Notwendigkeit.

Etwas Neues bereitete sich bereits seit langem vor. Darauf deutet ja schon der Aufbruch der Wandervogel-Jugend am Beginn des Jahrhunderts; er weist deutlich auf die bereits vor dem Krieg vorhandenen tieferen Sehnsüchte der neuen Generation hin.

Auch die radikalen Neuansätze auf allen Feldern der Kunst – 1910 malt Kandinsky das erste abstrakte Gemälde[4] – deuten auf die gleichen tiefen

Umbruchskräfte schon vor dem Krieg; sie bringen eine künstlerische Revolution hervor, wie sie so in der Menschheit noch nicht da war, und signalisieren die Bereitschaft, über alles Bisherige entscheidend hinauszugehen.

Die Zeit war offensichtlich auch von innen her reif, neue Wege zu suchen und zu beschreiten.

Christus im 20. Jahrhundert

Mit dem Beginn unseres Jahrhunderts ist also Aufbruchsstimmung in der Menschheit da. Diese hängt nicht von den äußeren Menschheitsereignissen ab, sondern ist Ansatz des inneren Ganges der Menschheitsgeschichte; die Menschheit ist durch die Jahrtausende ihrer Entwicklung vorwärts geschritten und reifer geworden, auch wenn die entsetzlichen Krisen und Prüfungen unserer Zeit das Gegenteil zu sagen scheinen. Vielleicht dürfen wir sogar formulieren: Daß diese Prüfungen heute so stark werden, ist gerade ein Zeichen für die innere Stärke, die in der Menschheit *auch* lebt.

Die göttliche Menschheitsführung kann heute tiefere Krisen und Prüfungen zulassen, weil die Kräfte in der Menschheit gewachsen sind, schließlich auch damit fertig zu werden, ja an solchen Herausforderungen zu lernen und umso höhere Kräfte zu entfalten.[5] Davon ist unsere Zeit erfüllt.

Den Herausforderungen und Prüfungen unserer Zeit entspricht andererseits aber auch ein »*Entgegenkommen*« der geistigen Welt. Man kann es geradezu so aussprechen: Christus will heute einen Schritt auf die Menschheit zu tun. Er will sich ihr in einer neuen Weise offenbaren.

In der Zeit seit dem Ereignis von Golgatha war Christus zwar immer mit der Menschheit verbunden und hat sie durch die Jahrhunderte hindurch begleitet, aber seine Gegenwart hat er doch nur wenigen Menschen unmittelbar zeigen können. So nah er der Menschheit innerlich war, so fern war er zugleich ihrem *Bewußtsein*.

Dies beginnt seit Anfang unseres Jahrhunderts anders zu werden. Das Ereignis, welches die Gegenwart des Christus auch im Bewußtsein der Menschen wieder erlebbar machen soll, wird im Neuen Testament die »Wiederkunft Christi« genannt; sie beginnt heute, Wirklichkeit zu werden. Auf dem Hintergrund dieses Ereignisses werden die Geschehnisse unserer Zeit überhaupt erst voll verständlich: die Umbrüche und auch die gewaltigen Krisen;

denn ein Teil davon ist auch als Versuch zu sehen, das Erleben der Wiederkunft Christi zu verhindern oder doch wenigstens in eine falsche Richtung zu lenken.[6]

Indem Christus sich in seiner Allgegenwart nach und nach neu offenbaren will, verändern sich alle Verhältnisse in der irdischen und geistigen Welt: Ein Strom geistigen Lebens fließt der Menschheit zu, eine Kraft neuer geistiger Offenbarung wird regsam, Zukunftsluft weht in das alt gewordene Erdendasein hinein. Die neuen Ansätze auf vielen Feldern des geistigen und sozialen Lebens, welche in den ersten drei Jahrzehnten unseres Jahrhunderts aus der Anthroposophie heraus möglich wurden, spiegeln diese Erneuerungskraft, die von der Wiederkunft Christi ausgeht.

Vor allem ist auch die Entstehung der Christengemeinschaft nicht allein aus den oben beschriebenen Entwicklungen heraus, sondern ebenfalls aus dem Wiederkunftsgeschehen heraus zu verstehen. Die Christengemeinschaft steht zwar ganz im Strom der christlichen Entwicklung darinnen. Und doch hat mit ihr eine Verwandlung der christlichen Kirche stattgefunden: Aus der Wiederkunft Christi heraus wird jetzt der Christus-Strom auf der Erde neu geboren; solche Verwandlungen und Neueinschläge vollziehen sich in allem lebendigen Werden, so etwa wenn eine Blüte ganz aus dem Werden der zwar entsprechenden Pflanze hervorgeht und doch gegenüber dem Sproß etwas vollkommen Verwandeltes darstellt. So geht die Christengemeinschaft aus dem Werden des Christentums hervor und tritt doch als Erneuerung des christlichen Lebens in Erscheinung. Wir werden auf dieses Motiv zurückkommen.

Die Menschen

Menschliche Schicksale

Die Menschheit war also für das Neue vorbereitet und herangereift. Durch die beginnende »Wiederkunft Christi« waren in der geistigen Welt gleichzeitig die Voraussetzungen geschaffen, die für eine Erneuerung des religiösen Lebens von innen her, für eine Wiedergewinnung der christlichen Substanz da sein mußten. Ja, man muß hier noch einen Schritt weiter gehen und sagen: Die Stiftung und Gründung der Christengemeinschaft geschah – so hat es Rudolf Steiner einmal angedeutet – nicht von Menschen, nicht auf der Erde; sie ereignete sich zuerst in der geistigen Welt selbst, von geistigen Wesen. Das heißt: der eigentliche Ursprung der Christengemeinschaft ist im Verein mit Christus und seinem Wirken zunächst in den Taten von Engeln und Erzengeln – bis hin zu den höchsten hierarchischen Wesen – zu suchen: Sie greifen auf und gestalten aus, was heute von der Wiederkunft Christi ausgeht und unter uns zu leben beginnen soll. In der geistigen Welt existierte und lebte die Christengemeinschaft bereits, bevor sie auf der Erde »ankam«.[7]

Demgegenüber stand die Frage: Würden nun aber auch Menschen auf der Erde da sein, den rechten Augenblick zu erkennen und zu ergreifen, um hier die Begründung der Christengemeinschaft in richtiger Art vollziehen zu können? Es gehört zu den hoffnungsvollen Zeichen unseres Jahrhunderts, daß sich 1922 tatsächlich die Menschen fanden, die in die Verantwortung für das erneuerte religiöse Leben und die damit zusammenhängenden Aufgaben einzutreten bereit und fähig waren. In vielen dieser Schicksale wirkten Fügungen besonderer Art, welche die einzelnen in den Kreis der ersten Priesterschaft führten.

Von »weither« sind die Biographien der Begründer auf den Augenblick zugeleitet, in dem der Kreis sich zusammenschloß und damit den Beginn der religiösen Erneuerungsarbeit ermöglichte. Da war vor allem Dr. FRIEDRICH RITTELMEYER (1872–1938). Er war als evangelischer Pfarrer durch die Aus-

1 Lic. Dr. Friedrich Rittelmeyer
(1872 Dillingen / Donau – 1938 Hamburg),
während seiner Zeit als evangelischer Pfarrer
in Nürnberg (1903–1916). Erster Erzoberlenker
der Christengemeinschaft.

2 Dr. Rudolf Steiner
(1861 Kraljevica / Kroatien – 1925 Dornach / Schweiz),
Begründer der Anthroposophie

strahlungskraft seiner Verkündigung schon vor dem Ersten Weltkrieg eine weithin bekannte Persönlichkeit, bekannt auch über die Evangelische Kirche in Deutschland hinaus.[8] Er war in Nürnberg, später in Berlin tätig und sollte zu einem leitenden Kirchenamt berufen werden, als er sich zur religiösen Erneuerung entschloß. Er wurde bald zum Mittelpunkt des Kreises. Als erster hatte er die Führung inne, das Amt des Erzoberlenkers in der Christengemeinschaft. Rittelmeyer gehörte zu den wenigen Älteren im Kreis der ersten Priester; er konnte eine reiche Lebenserfahrung einbringen. Sein Schicksal führte ihn so, daß er schon vor seiner Begegnung mit Rudolf Steiner und der Anthroposophie einen eigenen Weg der inneren Vertiefung und der Erfahrung der geistigen Welt gesucht und gefunden hatte – vor allem in der Beschäftigung mit dem Johannes-Evangelium. Sein Buch »Meditation«, aber auch manche andere, und der verinnerlichte Stil seiner Schriften legen davon Zeugnis ab.[9] Das erlaubte ihm ein auf selbständige Erkenntnis gegründetes Urteil gegenüber den Anregungen Rudolf Steiners bei der Begründung der Christengemeinschaft.

Im rechten Moment trat Rittelmeyer mit solchen Erfahrungen zu den vielen weitaus Jüngeren hinzu. Die Beziehung zu den Jüngeren konnte Emil Bock vermitteln, der, obwohl 23 Jahre jünger als Rittelmeyer, in tiefer Freundschaft mit ihm verbunden war. Von ihrer ersten, »zufälligen« Begegnung berichtet Emil Bock:

»In der strahlenden Helle eines frühen Sonntagmorgens im August 1916 wanderte ich von Tegel nach Berlin. Zwei Jahre lang schon tobte der Krieg. Ich tat nach Ausheilung einer schweren Verwundung Dolmetscherdienste und war zu einer überraschenden Visitation auf morgens 5 Uhr in eines der großen Tegeler Industrie-Werke bestellt worden, wo französische Kriegsgefangene, die dort arbeiteten, Werk-Sabotage betrieben hatten. Die Verhöre waren bald beendet, und ich dachte, den frühen Tag am besten zu nützen, indem ich den weiten Heimweg zu Fuß zurücklegte. Das Rätsel des Kontrastes empfindend zwischen der golden-feierlichen Hochsommer-Natur und dem tragischen Zeitgeschehen, war ich in das Innere der Stadt gelangt. Da sah ich am Gendarmenmarkt überraschend große Scharen in die ›Neue Kirche‹, den sogenannten ›Deutschen Dom‹, strömen. Ich erkannte eine Anzahl von Universitätsprofessoren; mir mußte scheinen, als ob sich hier aus allen Himmelsrichtungen eine Auslese des geistigen Berlin träfe. Mit gespannter Erwartung, aber auch nicht ganz ohne Skepsis, die davon herrührte, daß ich von Zeit zu Zeit die Predigten bekannter Berliner Kanzelred-

3 Lic. Emil Bock
(1895 Wuppertal-Barmen –
1959 Stuttgart),
Erzoberlenker der Christengemeinschaft
von 1938 – 1959

ner besucht hatte, ging ich mit hinein. Ich konnte nicht ahnen, daß mir durch das, was ich nun zu hören bekam, der Vorhang vor einer neuen Welt aufgehen würde. In eine Sphäre staunte ich hinein, die mir zugleich sehr fremd und doch aus einer tieferen Schicht heraus ganz vertraut war. Nie hatte ich so predigen hören. Der süddeutsche Sprachklang ließ die Töne der echten Herzenswärme voll ausschwingen. Aber was noch wichtiger war: die lichte Klarheit eines umfassenden Erkenntnislebens breitete sich aus. Glauben und Wissen waren eins. Die weltanschaulichen Ausblicke, die ja eigentlich nur zu ahnen waren, konkretisierten sich an einigen Stellen in deutlich geprägten Sätzen über Christus und die geistige Welt. Es wurde nämlich nicht über einen speziellen Text, sondern mehr programmatisch über das Johannesevangelium als solches gepredigt.

Beim Ausgang erfuhr ich, daß das Schicksal mich in die Antrittspredigt von Dr. Friedrich Rittelmeyer geführt hatte, der eben den Schauplatz seines Wirkens von Nürnberg nach Berlin verlegte.«[10]

15

Die Lebensbeziehung Rittelmeyer – Bock gehört ebenfalls zu den besonderen Schicksalsfügungen im Urkreis der Christengemeinschaft. Sie ermöglichte es Rittelmeyer, die Führung im Kreis der Jüngeren zu übernehmen, und bildete die notwendige Ergänzung zum vorwärtsdrängenden Element der Bockschen Willensnatur.

Gottfried Husemann schreibt über Rittelmeyer: »Warmen Herzens, überaus fein, ja zart empfindend, von jeder Disharmonie schmerzlich bewegt. Er, der oft zögernd erschien und der doch so eisern bei seinen Entschlüssen beharren konnte ... Rittelmeyer war ganz beseelt von der großen Sehnsucht nach dem Menschen ... Er war ein freier Mensch ..., aber er begab sich frei in Schicksale, die Abhängigkeiten bedeuteten. Er war ein Mann des Erfolgs, zum Führer wie vorbestimmt. Aber er gab alles hin [gemeint ist seine herausragende Stellung in der evangelischen Kirche], um eines Größeren willen.«

Daß Rittelmeyer im rechten Augenblick die Größe besaß, in bereits vorgerücktem Alter – mit 50 Jahren – alles aufzugeben und sein Leben und die Existenz seiner großen Familie ganz auf eine ungewisse Zukunft zu bauen, machte den Beginn der Christengemeinschaft erst möglich.[11]

Die zwölf Älteren

Wir wollen noch einige weitere Persönlichkeiten aus dem »Urkreis«, dem Begründerkreis, erwähnen, wobei wir vor allem einen Bericht Gottfried Husemanns aus den Anfängen der Christengemeinschaft heranziehen; die Zitate im Folgenden stammen, wenn nicht anders vermerkt, von Husemann.[12] Da sind zunächst noch einige Ältere zu nennen:

RUDOLF VON KOSCHÜTZKI (1866 in Oberschlesien – 1954), eine liebenswerte Persönlichkeit, tief mit dem Erleben der Natur verbunden, ein – trotz seines Alters und seines weißen Haares – »jugendlicher Feuerkopf ..., Erzähler und Humorist. Seine Schriften sind ein einziger seelischer Gesundbrunnen«.

Koschützki war Landwirt; später hat er als Schriftsteller und auch als Kriegsberichterstatter gearbeitet; seine menschlich ergreifenden Berichte von den Kriegsereignissen wurden damals viel beachtet. Er hatte, 1891 bei einem schweren Eisenbahnunglück dem Tode nahe, die »Lebensrückschau« erlebt und so die Wirklichkeit der geistigen Welt erfahren.[13] Diese

4 Rudolf von Koschützki
(1866 Tarnowitz / Schlesien – 1954 Stuttgart)

5 Prof. Dr. Dr. Hermann Beckh
(1875 Nürnberg – 1937 Stuttgart),
Professor für orientalische Sprachen in Berlin

17

Erfahrung mag ihm dreißig Jahre später den Weg ins Priestertum geebnet haben.

Eine besondere Erscheinung war Prof. Dr. Dr. Hermann Beckh (1875 in Nürnberg – 1937). Als Orientalist, Professor an der Universität Berlin, hatte er sich besonders durch ein Buch über »Buddha und seine Lehre« – eine auch heute noch zu den Standardwerken zählende Arbeit – einen Namen gemacht.[14] Schon als Kind hatte er mehrfach das Erlebnis seines eigenen vorgeburtlichen Daseins – dies bildete für ihn die Brücke zum Mitwirken in der neuen religiösen Bewegung.[15] Husemann sagt über ihn: »Er war ein Wagner- und Bruckner-Enthusiast, der zur Erholung eine neue Sprache lernte, zu den vielen, die er schon kannte, hinzu. Ihm verdanken wir die Übersetzung wichtiger Teile aus dem Sanskrit, vorab den berühmten Hymnus an die Erde. Er verteilte seine Gaben mit vollen Händen. Beckh trug den Orient auf geistgemäße Art in sich. Er war eine bedeutende Persönlichkeit. Und man empfand das auch, wenn er vortrug. Seine Schriften zeugen von seinen tiefgründigen Forschungen. Daß er auch die Allüren des zerstreuten Professors an sich trug, gab zu immer neuen Späßen Anlaß …, wir liebten ihn alle.«

Emil Bock berichtet: »Damals war es auch, daß in Rittelmeyers Kreise und unter uns Jüngeren immer konkreter und aktiver nach einer Erneuerung des religiösen Lebens Ausschau gehalten wurde. An sich gehörte Beckh zu diesem Kreis. Aber – es lag zunächst nicht nahe, Prof. Beckh in die Gespräche und Planungen, die sich darum drehten, mit einzubeziehen. Seine Art zu sein und zu arbeiten, die viele von uns zwar sehr schätzten, bewegte sich doch, wie es schien, auf einem anderen Gleise.

So kam es 1921 zu den ersten konkreten Vorbereitungsschritten für die Begründung der Christengemeinschaft, ohne daß Beckh davon Kenntnis erhielt.

Dann aber, Anfang 1922, als unser Kreis in Berlin zusammenkam, um gemeinsam mit Schwierigkeiten fertig zu werden, die sich uns hatten in den Weg stellen wollen, wurde Hermann Beckh aufmerksam auf das, was da spielte. Mit elementarer Instinktsicherheit überschaute er in einem Augenblick den Sinn und die Tragweite unseres Vorhabens. In einer stürmisch aufbrausenden Entrüstungsszene – es war im Treppenhaus bei Rittelmeyer in der Kronenstraße – warf er uns vor, daß wir ihn nicht schon längst aufgefordert hätten, mitzutun, ihn, für dessen ganzes Werden und Streben die Begründung eines neuen geistgeschöpften christlichen Kultus die Lebenser-

füllung sei. Ganz dramatisch wurde sein Auftreten aber erst, als er ihm die positive Wendung gab: Jetzt bin ich da und gehöre zu euch; und selbst, wenn ihr mich nicht wollt, werdet ihr mich doch nicht wieder los! – Es hatte die Unwidersprechlichkeit eines Naturereignisses, daß Prof. Beckh sogleich teilnahm und von nun an, als hätte er nichts von dem Vorangegangenen versäumt, mit seinem ganzen Herzenstemperament bei allem dabei war, was zur Begründung der Christengemeinschaft führte und was bis zu seinem Tode hin in ihr geschah.«[16]

Auch Heinrich Rittelmeyer (1879 in Schweinfurt – 1960) sei genannt, der Bruder Friedrich Rittelmeyers. Er war Lehrer, bevor er mit seinem Bruder bei der Begründung der Christengemeinschaft mittat; viele schöne Eigenschaften des »Herzens hatte er mit diesem gemeinsam ... Ein Mensch mit einem besonders feinem Gewissen in allen geistigen und ethischen Fragen. Eher, so fühlte man, hätte er sein Leben hingegeben, als gegen sein Gewissen gehandelt. Diese in einer gewissen Beziehung einzigartigen Fä-

7 Johannes Perthel
*(1888 Leukersdorf/Erzgebirge – 1944 Friedrichs-
hafen/Bodensee),*
Lenker der Christengemeinschaft

8 August Pauli
(1869 Herrnsheim/Unterfranken – 1959 München)

higkeiten stellte er nun in den Dienst der Kultushandlung, in den unmittelbaren Dienst des Christus.« Heinrich Rittelmeyer begründete die Gemeinde in Wiesbaden, die er bis an sein Lebensende betreute.

Besonders hervorgehoben sei noch Johannes Perthel (1888 im Erzgebirge – 1944), der dem ersten Leitungsgremium angehörte; er wirkte als Lenker von Leipzig aus bis nach Schlesien. Auch er war als evangelischer Pfarrer, im Krieg als Feldgeistlicher, tätig gewesen. Von ihm ging eine besonders herzliche, warme Menschlichkeit aus. »Ein Herzensmensch …, Perthel wurde am 20. Juli 1944 auf einer Reise bei einem Bombenangriff in Friedrichshafen getötet.« Da waren aber auch »Otto Becher (1891–1954), der feinsinnige Kenner der Scholastik…, und Claus von der Decken (1888–1977), der Künstler und Nichtakademiker. Manche andere jugendlichen Genies waren noch gänzlich im Puppenstand.«

Die übrigen sieben Ältesten seien wenigstens noch mit Namen genannt: August Pauli (1869–1959),[17] Fritz Blattmann (1882–1969), Hermann Fackler (1886–1978), Wilhelm Ruhtenberg (1888–1954) und Wilhelm Salewski (1889–1950). Es waren also gerade zwölf »Ältere«, das heißt über Dreißigjährige, die dem »Urkreis« der 45 Begründer angehörten.

Mit Otto Becher, der bei der Begründung 1922 gerade 31 Jahre alt war, kommen wir an die Schwelle der unter Dreißigjährigen, von denen nun weiter gesprochen werden soll.

Der Kreis der Jüngeren

Zu den zwölf Älteren kam die große Gruppe der Jüngeren hinzu – und wie jung waren viele von ihnen; der jüngste war 19 Jahre alt: Harald Schilling (1902–1943).

Eine Kerngruppe – später bedeutende Träger der Christengemeinschaft – war 1900 oder 1901 geboren: unter ihnen Dr. Rudolf Frieling, Gottfried Husemann, Wilhelm Kelber, Eduard Lenz, Kurt von Wistinghausen u. v. a. Fünf der Jüngeren gehörten der ersten Führungsgruppe an – neben den Älteren Rittelmeyer und Perthel:

Lic. Emil Bock (1895–1959; seit 1922 Oberlenker, Erzoberlenker seit 1938),

Dr. Johannes Werner Klein (1898–1984; 1922 Oberlenker),

Gertrud Spörri (1894–1968; 1922 Titular-Oberlenker),

Dr. Friedrich Doldinger (1897–1973; 1922 Lenker, seit 1949 Titular-Oberlenker),
Dr. Alfred Heidenreich (1898–1969; 1922 Lenker, Oberlenker seit 1938).

Diese Jüngeren brachten den Enthusiasmus, die Stoßkraft, den unbedingten Willen zum Neuen mit – oft auch im Gegensatz zu den bedächtigeren Älteren. Was ihnen an Erfahrung fehlte, ersetzten sie durch Begeisterung. Und immerhin hatten viele von ihnen noch Kriegserfahrung, zumindest die bittere Erfahrung des beginnenden Weltuntergangs im Ersten Weltkrieg.

Im Rückblick muß man wohl sagen: Es war ein Wagnis, mit einer solch jugendlichen Schar eine Erneuerung in Gang zu setzen, aber weitere Ältere entschlossen sich nicht, ihre Existenz aufs Spiel zu setzen und die Opfer, die zu erwarten waren, auf sich zu nehmen. Von den ärmlichen Lebensverhältnissen in den Anfangsjahren, während der Inflation und der Massenarbeitslosigkeit wird noch zu reden sein.

Vieles war denn auch am Anfang ganz unvollkommen, mit allen Zeichen der Unerfahrenheit und jugendlichen Unbekümmertheit behaftet. Einen Vorzug aber hatten die Jüngeren: Sie besaßen vielfach ein viel deutlicheres Gespür für die Notwendigkeit des Neuen, auch dafür, daß dieses Neue mit einer gewissen Radikalität in die Welt treten mußte. So hielt am 26. September 1920 Gottfried Husemann unter dem Eindruck der Eröffnung des ersten Goetheanums einen Vortrag in Tübingen – er war dort Student – über »Die Schuld der deutschen Universität am Untergang des Abendlandes«, zu dem die Professoren der Tübinger Universität zahlreich versammelt waren: ein Skandal, aber auch eine Tat.[18]

Im Rückblick zeigt sich noch etwas anderes: Die »Jüngeren« haben die Christengemeinschaft bis weit über den Zweiten Weltkrieg hinaus geführt – bis in die 70er Jahre waren Männer der ersten Stunde tragend und leitend tätig; so konnten die »Ur-Impulse« der Christengemeinschaft noch von den Begründern selbst an die zweite und dritte Generation weitergegeben werden; die Älteren hätten das so nicht vermocht (Rittelmeyer starb schon 1938). Die Altersspanne im Kreis der ersten Priester muß zu den Fügungen des Anfangs gerechnet werden.

Eine Fügung war es gewiß auch, daß in EMIL BOCK eine starke Persönlichkeit vorhanden war, die beiden Kreisen verbunden war: Rittelmeyer durch eine schicksalhafte Freundschaft, den Jüngeren durch die Altersnähe – obwohl er in seinem 28. Jahr bei der Begründung schon ein »gewisses Alter«

22

10 *Eduard Lenz*
(1901 Bad Brückenau / Rhön − 1945 Omsk / Rußland),
Lenker der Christengemeinschaft

9 *Dr. Rudolf Frieling*
(1901 Leipzig − 1986 Stuttgart),
Erzoberlenker der Christengemeinschaft
von 1960 − 1986

23

11 Kurt von Wistinghausen
(1901 Reval / Estland – 1986 Stuttgart)

12 Dr. Friedrich Doldinger
(1897 Radolfzell / Bodensee – 1973 Freiburg / Breisgau),
Lenker und seit 1949 Titular-Oberlenker der
Christengemeinschaft

den Jüngeren voraus hatte. Er weckte Erstaunen durch weitreichende Kenntnisse theologischer, geistesgeschichtlicher, aber auch naturwissenschaftlicher Art. Er war sofort der Sprecher des Kreises, eine ausgesprochene Führernatur.

»Als der Gründerkreis der Christengemeinschaft mit Rudolf Steiner in Berührung kam, war Bock in der Regel der Sprecher. Aus seiner weiten Überschau über die geistesgeschichtliche Situation der damaligen Gegenwart wie auch schon über die enormen Inhalte der Anthroposophie fand und formulierte er die entscheidenden Fragen an den großen Lehrer. Friedrich Rittelmeyers Fragen an Steiner entsprangen, wie es seine Aufzeichnungen erweisen, meist seinem persönlichen Ringen um die Wahrheit. Bock war der Sprecher und Frager einer Generation. Und er fragte aus den objektiven Notwendigkeiten der geplanten Gründung, als ob der Genius der Bewegung sich ganz seines Geistes, seines Willens bemächtigt hätte. Darauf beruhte seine Führerschaft.

Es gab keine Region des menschlichen Lebens, die ihm fremd war, um die er seine eigene Existenz geschmälert hätte. Er sparte sich nirgends. Sein volles Leben aus dem Gesamtumfang des Menschlichen brachte im Zusammenhang mit seinem umfassenden Geiste ihm und der ganzen Bewegung die Zuneigung und das Vertrauen vieler Menschen ein, die vom sauren Ernst, von der Schmalspurigkeit des Lebens und Wirkens ökonomischerer Seelen oftmals weniger überzeugt werden. Emil Bock ignorierte bis zuletzt seine schmerzhaften körperlichen Zustände und verbrauchte sich ohne Schonung.«[19]

Auch hatte er damals schon umfangreiche anthroposophische Studien betrieben. Gottfried Husemann schreibt von ihm: »Bock hatte unermeßlich viele Fragen. Aber seine Fragen gerieten ihm immer zu Entwürfen. Ganze Wissenschaftsgebiete wurden neu projektiert; Bock entwarf die Zukunft. Ein dogmatisches Verhältnis zur Anthroposophie lehnte er ab.«[20]

Von den Jüngeren kamen viele aus der damaligen Jugendbewegung,[21] unter ihnen namhafte Jugendführer wie Eduard Lenz, Alfred Heidenreich, Wilhelm Kelber, aber auch Gerhard Klein[22] und Marta Heimeran.[23]

Über seinen Freund WILHELM KELBER schreibt Alfred Heidenreich: »Eine herausragende Persönlichkeit unter denen, die aus der Jugendbewegung in den Begründungskreis eintraten, war ein junger Mann namens Wilhelm Kelber. Er tauchte als eine Gestalt von besonderem Rang während des Zusammenbruches des Reiches auf. Trotz seiner Jugend hatte er eine Geistes-

13 *Dr. Rudolf Steiner*

Gegenwart und geistige Vollmacht, die mir nur vom Gesichtspunkt eines vorigen Lebens her verständlich wurde. In seinem 19. Lebensjahr wurde er in das Erziehungsministerium als Ratgeber für Jugendangelegenheiten berufen. Am Anfang versuchte er mutig, in der Weimarer Republik für die Ideale der Jugendbewegung Raum zu schaffen und ihre Kräfte für den neuen Aufbau Deutschlands zu nützen. Leider wurde dieser Versuch von einzelnen Gruppen zunichte gemacht. Nationalistische, sozialistische, kommunistische, katholische und evangelische Jugendbewegungen wurden von oben hergestellt. Politische und konfessionelle Ziele und Ideen wurden aufgeprägt, und die Kräfte der Jugend wurden wieder in alte Richtungen gezwungen. Es war ein tragischer Fehler, ein historischer Irrtum, und kurze Zeit danach verließ Wilhelm Kelber seine Ministeriumsstellung.«[24]

ALFRED HEIDENREICH selbst trat in der Folge im Priesterkreis besonders hervor: 1922 war er unter den vier Lenkern der Führung, 1929 wurde er bestimmt, die Christengemeinschaft nach Großbritannien zu bringen; er lebte seitdem in London, ganz der englischen Welt verbunden. Die englische Sprache beherrschte er meisterlich. Nach dem Krieg legte er den Grund für die Arbeit in Nordamerika. Er starb auf einer Reise nach Südafrika, wo er die Arbeit ebenfalls eingeleitet hatte, in Johannesburg, ein zeichenhafter Tod nach einem weltoffenen Leben. Von 1938 bis zu seinem Tode 1969 war er Oberlenker.[25]

Wir wollen noch mehrere der jüngeren, einige der älteren Persönlichkeiten aus dem Begründerkreis hervorheben, ohne damit eine Wertung zu verbinden – eigentlich müßte jeder einzelne besonders genannt werden. Es kommt hier mehr darauf an, die Farbigkeit des Begründer-Kreises anzudeuten.

»Da war FRIEDRICH DOLDINGER (1897–1973). Er fühlte sich ganz als Künstler und Dichter. Eine innige Liebe zu Christian Morgenstern war ihm eigen, die er überall verbreitete. Viele liebten und verehrten ihn. Er war eine Persönlichkeit, die ganz aus dem Innersten des eigenen Wesens heraus wirkte – ohne Kompromisse« (dieses wie alle weiteren Zitate aus den Aufzeichnungen von Gottfried Husemann). In der Tat: wer in die Nähe Doldingers kam, erlebte einen Menschen von überraschender Originalität. Auf vielen Feldern hat er sich künstlerisch betätigt – als Dichter, Musiker, Maler. Überall hinterließ er Spuren dieser unermüdlichen Tätigkeit, besonders in seiner Freiburger Gemeinde, aber auch in vielen anderen. Viele seiner Ge-

14 Wilhelm Kelber
(1901 Feucht bei Nürnberg – 1967 Schwarzach)

15 Joachim Sydow
(1899 Schönwerder / Kreis Prenzlau – 1949 Everloh
bei Hannover)

16 Dr. Alfred Heidenreich
(1898 Regensburg – 1969 Johannesburg / Südafrika),
Lenker, seit 1938 Oberlenker der Christengemeinschaft

17 Marta Heimeran
(1895 Nürnberg – 1965 Arlesheim / Schweiz),
Lenker der Christengemeinschaft

18 Gerhard Klein (1902 Teplitz / Böhmen – 1980 Stuttgart) zusammen mit Eduard Lenz

dichte und Bücher – unter anderem über die Wochentage und über Mozart – gehören zum Lebensgut der Christengemeinschaft. Die von ihm herausgegebene Schriftenreihe »Christus aller Erde« war in den Anfängen der Bewegung und für die ersten Schritte ihres Verlags von außerordentlicher Bedeutung.[26]

Ganz anders wirkte EDUARD LENZ (1901–1945). »Er hatte immer einen Überschuß an Sympathie und Liebeskraft zur Verfügung. Er konnte keine Feinde haben. Alle liebten ihn. Mit unermüdlicher Energie lernte er die tschechische Sprache, um in ihr predigen und zelebrieren zu können. Er war der erste in unserem Kreis, der auf den Bolschewismus hinwies. In Sibiriens Bergwerken mußte er seine Lebenskraft hingeben.« Er verfügte über eine besondere Rednergabe; viele Menschen sprach er dadurch an. Seit 1938 war er als Lenker tätig.

Lenz hat als einer der ersten in Prag gewirkt; er starb auf dem Heimweg aus russischer Gefangenschaft – ein schmerzlicher Verlust für die Arbeit der Christengemeinschaft. Die in dem Buch »Gelebte Zukunft« zusammengefaßten Lebenszeugnisse von ihm sind ein bleibendes Dokument des Anfangs.[27]

Weiterhin sei CARL STEGMANN (1897 geboren) genannt, der mit einem starken Engagement für soziale Fragen und für das Schicksal der Arbeiterschaft hervortrat. Er gründete in Essen die »Freie Arbeiterschule« – 1933 durch die Nazis verboten – und war von 1930 bis 1933 Mitherausgeber der Zeitschrift »Entscheidung«.[28]

In Hinsicht auf das starke soziale Engagement stand Carl Stegmann damit in geistiger Nähe zu HEINRICH OGILVIE (1893–1988), der die Christengemeinschaft zusammen mit den ersten holländischen Priestern Gerrit A. Gerretsen und Dr. Cornelis Los in Holland aufbauen sollte.[29]

Ganz anders wieder DR. RUDOLF FRIELING (1901–1986). Niemand hätte damals in dem zurückhaltenden Jüngling den glänzenden Redner, maßgeblichen Theologen und dritten Erzoberlenker der Christengemeinschaft – nach Rittelmeyer und Bock – vermutet. Später wurde sein unermüdliches Wirken auf dem Felde der Verkündigung – durch das er der Christengemeinschaft zuerst in Wien und Österreich, später auch in Nordamerika, zusammen mit DR. RUDOLF KOEHLER, Bahn brach – grundlegend für die geistige Ausstrahlung der Christengemeinschaft. Unvergessen sind seine Seminarkurse, u. a. über das Johannes-Evangelium, die Apokalypse, die Psalmen. Seine Beiträge in der Zeitschrift »Die Christengemeinschaft« gehörten

19 Dr. Alfred Heidenreich   20 Carl Stegmann (1897 Kiel)

21 Heinrich Ogilvie
(1893 Schleusingen – 1988 Zeist / Niederlande),
Lenker der Christengemeinschaft

22 Dr. Rudolf Frieling

33

23 Dr. Eberhard Kurras
(1897 Berlin – 1981 Engelberg bei Schorndorf)

24 Ludwig Köhler
(1900 Greiz – 1985 Berlin),
Lenker der Christengemeinschaft

25 Dr. Rudolf Koehler
(1899 Tetschen / Böhmen),
Lenker, seit 1974 Oberlenker der Christengemeinschaft

26 Gottfried Husemann
(1900 Blasheim / Westfalen – 1972 Arlesheim / Schweiz),
Lenker, seit 1938 Oberlenker der Christengemeinschaft

27/28 *Wilhelm Kelber und Kurt von Wistinghausen, die langjährigen Redakteure der Zeitschrift »Die Christengemeinschaft«.*

Jahrzehnte hindurch zum Zentrum des Schrifttums, ebenso seine Bücher, u.a. »Christentum und Islam«, »Christentum und Wiederverkörperung«, »Vom Wesen des Christentums«, »Psalmen«. All dies sowie seine vom Verlag in einer schönen Neuausgabe aufgelegten »Gesammelten Schriften« wird noch lange weiterwirken.[30]

Zu dem, was den Anfang des Wirkens erleichterte und mit Enthusiasmus durchdrang, gehört auch die Schicksalsnähe, die einzelne Gruppen im Kreis offensichtlich von der Vergangenheit her verband. So war nicht nur Emil Bock mit Friedrich Rittelmeyer befreundet, auch LUDWIG KÖHLER (1900–1985) stand ihm nahe. Vor allem aber war ihm Dr. EBERHARD KURRAS (1897–1981) tief verbunden – ein Mann äußerster geistiger Präzision, die sein ganzes Wesen durchdrang und jedes seiner Worte prägte. Es war eine Freude, ihm zuzuhören. Auch ihm verdankt die junge Gemeinschaft Grundlegendes und Bahnbrechendes, in zahlreichen Kursen am Priesterseminar, in Aufsätzen, Büchern, unzähligen Vorträgen.[31] Auch GOTTFRIED HUSEMANN (1900–1972) gehörte bis zu seinem Tode zu den unermüdlich Vorwärtsführenden in der Bewegung. Er war ein Feuerkopf, stark aus geistigen Impulsen lebend, die er stets gegenwärtig fühlen konnte. Er hat weniger nach außen gewirkt, aber für den Aufbau der Priesterschaft, die Erweckung des neuen Priestertums unendlich viel geleistet. Die Grundlegung des Priesterseminars in Stuttgart (1933) ist ihm zu danken. Durch ihn wirkte ein echtes Schulungselement in der Ausbildung und im Priesterkreis.[32]

Einen besonderen Beitrag hat die Christengemeinschaft von KURT VON WISTINGHAUSEN (1901–1986) empfangen. Er war unermüdlich für den Aufbau und Ausbau des Verlages tätig. Das pünktliche Erscheinen und das Gesicht unserer Zeitschrift »Die Christengemeinschaft«, deren Redaktion er – lange Zeit mit WILHELM KELBER (1901–1967)[33] zusammen – in Händen hatte, ist sein Werk. Zahllose Aufsätze mit grundlegender und aktueller Thematik stammen aus seiner Feder – die Bücher, u.a. über Taufe, Trauung, Weihehandlung, über das Credo und über die Gestalt des Evangelisten Johannes, nicht zu vergessen. Daneben erlebten wir in ihm einen vorbildlichen Gemeindepfarrer. Bis ins hohe Alter war er ein gesuchter Seelsorger.[34]

37

Erste Frauen im christlichen Priestertum

Zum Kreis der Begründer gehörten drei Frauen. Auch dies darf zu den Fügungen des Anfangs gezählt werden, daß mit der Erneuerung des religiösen Lebens von Anfang an die Frau gleichberechtigt neben dem Mann das Priesteramt ergreifen konnte.[35]

Selbstverständlich war das keineswegs. Die ablehnende Haltung der katholischen Kirche in dieser Frage bis heute zeigt dies; aber auch in den anderen Kirchen − z. B. in der anglikanischen, der schwedischen Kirche −, die der Frau inzwischen eine gewisse Stellung im Amt eingeräumt haben, ist diese Tatsache bis heute keineswegs unumstritten, sondern vielfach angefochten.

Was in früheren Zeiten des Christentums berechtigt erscheinen mußte, die Frau von einer priesterlichen Verantwortung zurückzuhalten − Paulus hatte auf die entsprechenden Notwendigkeiten hingewiesen −, muß heute durch den Gang der Menschheitsgeschichte als überholt gelten.[36] Die Menschheit hat sich in dieser Hinsicht innerlich entscheidend weiterentwickelt. Nicht ist die Frau nur ihrer äußeren »Rolle« nach − wie es heute vielfach sichtbar wird − an die Seite des Mannes getreten und dem Manne ebenbürtig: die Bedeutung der leiblichen Verschiedenheit von Mann und Frau spielt heute bei weitem nicht mehr die Rolle wie in früheren Zeiten. Früher war die Persönlichkeitskraft, die in jedem Menschen − ob Mann oder Frau − als unverwechselbares, ewiges Ich lebt, noch nicht stark genug, um sich gegen die Bedingtheiten des Leibes durchzusetzen. So waren die »Rollen« des Mannes und der Frau »Geschlechterrollen«, von der Leiblichkeit her diktiert; das Ich war noch nicht zur vollen Selbständigkeit herangereift.

Dies hat sich etwa mit dem Beginn unseres Jahrhunderts sehr geändert: das Ich des Menschen setzt sich durch, ohne Rücksicht auf die Einseitigkeiten des Leiblichen. In bezug auf viele geistige und soziale Aufgaben ist heute die leibliche Verschiedenheit von Mann und Frau ohne Bedeutung. Das gibt die Grundlage für den Zugang der Frau zum Priestertum.

Dieser Tatbestand, der heute an vielen Zeiterscheinungen ablesbar ist, wurde damals von Rudolf Steiner ausdrücklich bestätigt. Damit war für das erneuerte Priestertum innerhalb der Christengemeinschaft von vornherein das Mitwirken von Frauen, gleichberechtigt in allen Funktionen, selbstverständlich und fraglos. Segensreich hat sich dieses Wirken in vielen unserer Gemeinden entfaltet.

29 Marta Heimeran

GERTRUD SPÖRRI (1894–1968), von der noch weiter gesprochen werden muß, war von Anfang an im Leitungsgremium der Christengemeinschaft. Sie war Schweizerin, eine strenge, edle Persönlichkeit, außerordentlich eindrucksvoll in ihrem Auftreten. Neben ihr standen JUTTA FRENTZEL (geboren 1901) und vor allem MARTA HEIMERAN (1895–1965; Lenker ab 1963), die zuerst in Ulm und Frankfurt, ab 1929 an der Seite von Alfred Heidenreich die Arbeit in England mitaufbauend, nach dem Krieg bis zu ihrem Tode in Tübingen vorbildlich, liebevoll, herzerwärmend wirkte. Die Jugendtagungen jedes Jahr dort zu Pfingsten unter ihrer Leitung waren weit ausstrahlende Ereignisse.

Drei Nachzügler

Drei Persönlichkeiten seien besonders erwähnt, die eigentlich auch zum ersten Kreis der Priester zu zählen sind und ihm verbunden waren, aber aus äußeren Gründen erst nach den entscheidenden Ereignissen hinzutraten: Rudolf Meyer und Dr. Hermann Heisler noch 1922, Lic. Robert Goebel dann 1923.

RUDOLF MEYER (1896–1985) hatte sich als Redner schon einen Namen gemacht. Seine umfassenden Kenntnisse sind wohl nur zum kleineren Teil von ihm in der schier endlosen Reihe von Büchern unseres Verlages niedergelegt. Husemann schreibt über ihn: »Rudolf Meyer trat in diesem Kreise auf, der unermüdliche Gesprächspartner; tief verbunden schien er mit fast allen Menschen in der Anthroposophischen Gesellschaft und mit der Anthroposophie selber. In seinen zu zweien oder in Gruppen geführten Gesprächen wirkte Anthroposophie wie ein persönliches Wesen. So trat immer der Augenblick ein, wo Sokrates nur noch allein sprach und seine Schüler ergriffen lauschten. Und wir lauschten so gern. Übrigens trat dieser Augenblick meist ziemlich früh ein – noch längst vor Mitternacht. Das heißt nicht, daß er auch vor Mitternacht endete. Meist jedoch, bevor der Morgen graute. Aber nicht immer. – Sein profundes Wissen – nicht nur in der Anthroposophie, sondern auch in den Gebieten der Religionswissenschaft, Mythologie, Märchenforschung, Philosophie und Literatur – hatte etwas Unwahrscheinliches für uns Jüngere.«

Auch mit LIC. ROBERT GOEBEL (1900–1983) steht eine bedeutende, gründlich gebildete Persönlichkeit vor uns. Sechzig Jahre hindurch war er z. B. als Seminarlehrer tätig, vor allem in Fragen der Theologie und Philosophie, der Kulturgeschichte und der Geisteswissenschaften. Auch ihm verdanken wir eine Reihe von grundlegenden Schriften.[37] Die Arbeit in Frankreich, deren erste Keime er legte, war ihm besonders wichtig. Bis zuletzt war er unermüdlich in der Leitung der Christengemeinschaft tätig, zu der er bald (Lenker 1938, Oberlenker 1972) berufen wurde.

Ganz anderen Wesens war DR. HERMANN HEISLER (1876–1962) – »ein warmherziges, echt süddeutsches Temperament«. Auch er war evangelischer Pfarrer gewesen. »Seine Art zu reden war begeisternd, ja mitreißend. Überall, wohin er kam, trat er für die Geisteswissenschaft und für Rudolf Steiner ein. Ob im Salon der Vornehmen oder beim Volk in der Bierhalle, ihm konnte das gleich sein. Man erzählt, daß er drei Stunden und länger

30 Synode in Tübingen 1954,
von links nach rechts: Robert Goebel, Marta Heimeran, Ludwig Köhler, Gerhard Klein, Alfred Heidenreich

31 Rudolf Meyer
(1896 Hannover – 1985 Göppingen)

32 Lic. Robert Goebel
(1900 Paris – 1983 Marburg/Lahn)
Lenker, seit 1972 Oberlenker der Christengemeinschaft

hintereinander vortragen könne. Unzählige hatte er für die anthroposo-phische Bewegung gewonnen. Nun wirkte er ... für die Christengemein-schaft.«

Ein bedeutendes Potential an menschlichen Kräften war im Kreis der Be-gründer versammelt, eine geistige und menschliche Universalität zeigte sich – sie gehört zum Ursprung der Christengemeinschaft.[38] Es ist sicher nicht zu Unrecht vermutet worden, daß viele der großen geistigen Strömungen, die in der Geistesgeschichte der Menschheit eine Rolle gespielt haben, in diesem Kreis repräsentiert waren. Das ergab auch starke Spannungen – und bedeu-tende Spannkraft. Zunächst zeichnete sich der Begründerkreis durch eine innige Gemeinsamkeit aus, wenn auch die in dem Kreis veranlagten Gegen-sätze in der Folgezeit deutlich wirksam wurden.

Was diesem Kreis aber fehlte, war der genaue Einblick in die Notwendig-keiten und Möglichkeiten der gegenwärtigen Menschheitsentwicklung: was war fällig? Daß etwas Neues kommen sollte, fühlte jeder; aber wie sollte es aussehen, welche Richtung nehmen? Wie sollte es überhaupt zustande-kommen?

Hier tritt uns eine weitere Fügung des Anfangs entgegen: Sie besteht darin, daß auf diese Frage im rechten Augenblick eine umfassende, kompetente Antwort möglich war. Und damit fällt der Blick auf Rudolf Steiner und auf seinen Beitrag für die Entstehung der Christengemeinschaft.

Hilfe durch die Anthroposophie

Rudolf Steiner

Die meisten Begründer kannten ihn. Rittelmeyer war auf die Anthroposophie gestoßen, als er von seiner Kirche aufgefordert wurde, gegen die Anthroposophie Vorträge zu halten; er bemerkte bald, daß er sich dann gründlich darauf einlassen müsse. Auf der Suche nach Orientierung begegnete er – damals noch in Nürnberg – Michael Bauer, dessen Persönlichkeit ihm sofort großen Eindruck machte. Dieser war seit langem Schüler Rudolf Steiners, auf dem inneren Wege weit fortgeschritten und mit eigenen Erfahrungen der geistigen Welt ausgerüstet.

So war er geradezu berufen, Rittelmeyer die Wege zu Rudolf Steiner zu ebnen. Aber selbst noch als Rittelmeyer später Rudolf Steiner direkt gegenübersaß, gab er eine gesunde Skepsis nicht auf: Er wollte sich nichts vormachen lassen. Anhand seiner eigenen geistigen Erfahrungen konnte er dann manches von Rudolf Steiner Gesagte selbst anfänglich nachvollziehen und prüfen; das gab den Ausschlag. Für seine Beteiligung an der Begründung der Christengemeinschaft war entscheidend, daß er die geistige Realität der Weihehandlung – ihre Christuswirkung – im eigenen geistigen Erleben erfahren konnte. Doch war er groß genug, bei aller eigenen Größe dann den Größeren in Rudolf Steiner zu erkennen und anzuerkennen.

Andere brachten andere eigene Erfahrungen ein. Gottfried Husemann hat oft geschildert, wie maßlos seine Enttäuschung war, als er – gerade aus dem Felde kommend – das Universitätsstudium begann: zunächst mit Theologie, bald jedoch zur Chemie überwechselnd. Er suchte die wirklichen Lehrer – quer durch alle Fakultäten; aber er fand Wissenschaftstheoretiker mit toten Worten, die redeten, als sei die Welt nicht gerade in Flammen aufgegangen. Als er aber Rudolf Steiner zum ersten Mal sprechen hörte, erlebte er einen wirklichen Lehrer, der mit lebendigen Worten vom Geist und von den Notwendigkeiten der Zukunft zu sprechen vermochte. Und so ging es vielen. Dies muß man verstehen, wenn man die Beweggründe sehen will, welche damals zu Rudolf Steiner führten.

Hinzu kam, daß Rudolf Steiner inzwischen mit umfassenden Kulturimpulsen hervorgetreten war – nicht mehr nur mit der Verkündigung der geistigen Welt: der Bau des ersten »Goetheanums«, der Heimstätte der Anthroposophie in Dornach (Schweiz), war während des Krieges gediehen und stand nun sichtbar da – ein Werk Rudolf Steiners; die »Eurythmie«, eine neue Bewegungskunst, die Mysteriendramen mit neuen Dimensionen für Sprache und Schauspiel brachten so nie Gesehenes; 1919 gründete Rudolf Steiner die Waldorfschule; eine medizinische Bewegung entstand. Überall war Aufbruch zu neuen Ufern spürbar.

Den späteren Begründern der Christengemeinschaft brannte die Frage nach dem Schicksal des Christentums im Herzen – es waren ja meist Theologie-Studenten. Hatte das Christentum nicht versagt? War es überhaupt zu Ende? Sollte nicht die Anthroposophie an seine Stelle treten?

Was lag näher, als Rudolf Steiner direkt zu fragen; von ihm waren bereits schöpferische Antworten nach vielen Richtungen ausgegangen. Würde er auch hier eine Antwort haben? Und würde er sie geben?

Vieles dieser Art bewegte sich in den Herzen der Fragenden; und dann war es doch eine Überraschung, mit welchem Enthusiasmus Rudolf Steiner auf die Fragen einging: Ja, es gäbe eine Zukunft des Christentums; und wenn hier etwas Neues entstünde, dann könne es »etwas Großes für die Menschheit« werden. Dafür sagte er seine Hilfe zu.

Religiöse Erneuerung

Es hat viele Erneuerungsbestrebungen in der Entwicklung des Christentums gegeben; man denke an Jan Hus und die Hussitenkriege, an Luther, Zwingli, Calvin, an Ignatius von Loyola, den Jesuitenorden und die Gegenreformation. Viel Segensvolles, aber auch manches Unheil ist daraus entstanden. In solche Bestrebungen wirkte oft der Wille der geistigen Welt hinein, um die Menschheit im religiösen Leben vorwärts zu bringen, wie es etwa im 16. Jahrhundert durch die Reformation geschehen ist, oder um einseitigen Entwicklungen, Verfallserscheinungen der Kirche etwas Positives entgegenzusetzen, wie z. B. mit den Ordensgründungen eines Franziskus von Assisi oder eines Dominikus im 13. Jahrhundert. Die Stifter solcher Er-

46

neuerungsbewegungen handelten im Sinne der geistigen Welt, ohne jedoch selbst umfassenden Einblick in die geistige Welt zu haben. Dadurch waren rein menschliche Erwägungen und Impulse stark bei der Gestaltung des Hervordrängenden beteiligt.

Bei Luther wird das exemplarisch anschaubar. Er fühlte, daß etwas Neues kommen wollte, konnte es aber nur auf seine Weise fassen. Einen Einblick in den geistigen Quellort aller Erneuerung besaß er nicht, und so sind mit der Reformation – so zeitgerecht und im guten Sinne »modern« sie damals war – viele Einseitigkeiten verbunden, die sich später als Hemmnisse auswirkten: z. B. die Abschaffung der Messe und der Sakramente, außer Taufe und Abendmahl, vor allem der Verlust der Priesterweihe: das Versiegen des sakramentalen Weihestroms und damit verbunden das Übergewicht der Predigt im Gottesdienst.

Erneuerungen sind notwendig, wenn alte Formen und Inhalte nicht mehr genügen, weil die Menschheit weitergewachsen ist – so wie einem Jugendlichen die Frömmigkeitsformen nicht genügen, die einem Kinde angemessen sind. Wenn das Christentum die Zukunft finden sollte, mußten zu Beginn unseres Jahrhunderts die Fundamente notwendig erneuert werden. Von den Konstellationen, die eingetreten waren und den Hintergrund der religiösen Erneuerung bildeten, wurde bereits gesprochen. Das Wesentliche geschah in der geistigen Welt selbst; so wie das Christentum einstmals entstanden ist durch das Christus-Geschehen auf der Erde, so löst in unserer Zeit das zweite Christus-Ereignis, die geistige Wiederkunft Christi, eine Neubelebung, ja Neuschöpfung des Christentums aus. Und neue Formen allein waren geeignet, die so entstandenen neuen Kräfte aufzunehmen.

Die Christengemeinschaft ist nicht von den 45 Begründern begründet worden, auch nicht von Rudolf Steiner. Aber Rudolf Steiner konnte für die umfassende Notwendigkeit einer Erneuerung des Christentums ein Bewußtsein erwecken; er konnte helfen, daß das in der geistigen Welt Geschehene Erdenrealität gewann.

Alfred Heidenreich hat einmal bei der Darstellung der Begründung auf ein historisches Geschehen hingewiesen, das in gewisser Weise die Ereignisse von 1922 beleuchtet.[39] Man scheut sich, solche Hintergründe anzudeuten; und doch kann dieses Beispiel erhellend sein, wenn es sich um das Verständnis der damaligen Ereignisse handelt.

Heidenreich erinnert an die Stiftung des jüdischen Kultus durch Moses. Meist wird vergessen, daß die Gesetzgebung Moses' begleitet ist von der

Einsetzung der jüdischen Opferriten, der Einrichtung der »Stiftshütte« als Kultstätte und als Vorbild des späteren Tempels in Jerusalem, der Stiftung eines Priestertums usw. –, und zwar bis in alle Einzelheiten. Moses empfängt auf dem Sinai nicht nur die Gesetzestafeln mit den Zehn Geboten – er schaut gleichzeitig in die geistige Welt hinein und wird angewiesen, genau das für den religiösen Dienst auf der Erde einzurichten, was er im Himmel gesehen und gehört hat. Man kann die Beschreibung der notwendigen Einrichtungen, die detailliert gegeben wird, im 2. Buch Mose, Kapitel 25–31 nachlesen.

An diesem Vorgang wird dreierlei sichtbar:
– das Vorbild des Kultus ist in der geistigen Welt;
– der Eingeweihte (Moses) schaut es und vermag danach, die Einrichtungen auf der Erde zu treffen, die den geistigen Vorgängen im Himmel entsprechen und dadurch aufnahmefähig für das Übersinnliche sind;
– er selbst übt den Kultus nicht aus, er übergibt ihn seinem Bruder Aaron.

Zum ersten Punkt sei noch daran erinnert, daß auch in der Apokalypse des Johannes, im letzten Buche des Neuen Testaments, Elemente des himmlischen Kultus dargestellt werden: die Leuchter, der Altar, der Weihrauch, Lobpreis, Anbetung und Opfer. Hier wird auch deutlich, daß die Vorgänge der geistigen Welt sich seit Moses (etwa 1300 v. Chr.) weiterentwickelt haben: Was Moses geschaut hat, war für seine Zeit gültig; durch das Christus-Ereignis aber entsteht ein neuer Kultus auf der Erde, denn die Vorgänge in der geistigen Welt selbst haben sich durch die Menschwerdung Christi verändert und müssen nun auf andere, neue Art im Irdischen gespiegelt und realisiert werden.

Es ist wohl deutlich, was gemeint ist, auch wenn wir im Hinblick auf die Stiftung der Christengemeinschaft nicht eine direkte Gleichsetzung – etwa mit Moses und Aaron – im Auge haben: Das eigentliche Geschehen des erneuerten Kultus ist in der geistigen Welt zu suchen; dort mußte es geschaut, »abgelesen« und auf die Erde gebracht werden. Dies mußte deshalb geschehen, weil seit dem Ereignis von Golgatha vor 2000 Jahren durch die Wiederkunft Christi wiederum einschneidende Veränderungen in der geistigen Welt vor sich gegangen sind, die eine Fortentwicklung des irdischen Kultus erforderten.

Damit hängt zusammen, daß die erneuerten Sakramente zwar überall an den Überlieferungsstrom des Christentums anschließen – es sind die sieben christlichen Sakramente; aber sie haben nicht nur ihre Gestalt, sondern an wesentlichen Stellen auch ihre Substanz gegenüber der Tradition weiterentwickelt, entfaltet. Das zeigt sich z. B. an der Taufe, die nun wirklich eine Kindertaufe geworden ist (und nicht eine auf Kinder zugeschnittene Erwachsenentaufe); es zeigt sich an allen Sakramenten, vor allem aber an der erneuerten Messe, der Menschen-Weihehandlung. Ein bekanntes Beispiel sei genannt: Wo in der Messe das »Dominus vobiscum« − »der Herr mit euch« − erklingt, wird in der Weihehandlung das »Christus in euch« ausgesprochen. Man kann das für eine Äußerlichkeit halten; wer aber weiß, daß in jedem echten Kultus alles Ausdruck einer geistigen Wirklichkeit und Wirksamkeit ist, wird einer solchen Fehldeutung nicht verfallen. Gerade an dem »mit euch« (Messe) und »in euch« (Weihehandlung) ist der innere Fortschritt abzulesen, welcher in der Christenheit in bezug auf die religiösgeistigen Kräfte vorgegangen ist. Die Wiederkunft Christi bewirkt eine tiefere Nähe Gottes zu den Menschen; ein »in«, nicht nur ein »mit« in bezug auf die Christus-Gegenwart. Dementsprechend ist die Substanz, die Wirksamkeit der Kultushandlung verändert.

Dies ist nur ein − wenn auch sehr sprechendes, wesentliches − Beispiel für vieles, was über die Veränderung des Kultus zu sagen wäre. Es ist falsch, dabei nur auf die Änderung mancher Worte und Formen zu sehen − das sind, wie gesagt, nur die Anzeichen für die inneren Veränderungen der Substanz. Das Wesentliche ist die Veränderung der inneren Gegebenheit, der »geistigen Landschaft«, in die das Kultusgeschehen eingewoben ist. Um dieses Bild weiterzuführen, kann man sagen: Wenn die Sonne aufgegangen ist, hat man andere Bedingungen für alle in dieser Weltgegend vorhandenen Lebensverhältnisse. In demselben Sinne kann man von einer tiefgreifenden Veränderung der geistigen Landschaft durch den geistigen Sonnenaufgang der Wiederkunftsereignisse sprechen, die weitreichende Veränderungen der kultischen Vorgänge mit sich bringen mußte.

Auf diesem Hintergrund erscheint in seiner vollen Bedeutung, was Rudolf Steiner für die Einsetzung der Christengemeinschaft getan hat: Ihm war es möglich, die Zeitsituation auch ihren geistigen Hintergründen nach zu überschauen und damit zusammenhängende Impulse und Wirksamkeiten an diejenigen weiterzuleiten, die bereit waren, sie aufzunehmen und in irdische Wirklichkeiten umzusetzen. Auch hier ist die Erinnerung an die Tat eines Moses erhellend. Rudolf Steiner hat die Grundlagen für ein erneuertes religiöses Wirken auf der Erde vermittelt; er hat sie an den Kreis der ersten Priester weitergereicht. Die Ausübung des Kultus aber und die damit gegebenen neuen religiösen Verantwortungen hat er nicht auf sich genommen; sie oblagen fortan allein diesem Kreise.

Die Christengemeinschaft – eine unabhängige Bewegung

Von hier aus gewinnen wir einen sicheren Ausgangspunkt für die Frage nach der Selbständigkeit der Christengemeinschaft gegenüber der anthroposophischen Bewegung. Rudolf Steiner hat diese Selbständigkeit betont, denn die Erneuerung des christlich-religiösen Lebens geht aus dem lebendigen Strom des Christentums hervor; die Christengemeinschaft stellt nach Katholizismus und Reformation eine weitere Stufe der Entfaltung des Christentums dar, sie hat aber selbst auch »keinen anderen Grundstein als den, der gelegt ist: Christus«.[40] Sie stammt aus der Offenbarung des gegenwärtigen Christus, wenn sie andererseits auch voll im Überlieferungsstrom des Christentums darinnen steht.

Anthroposophie konnte der *Geburtshelfer* des erneuerten Christentums auf der Erde werden – sie hat der Christengemeinschaft als einem selbständigen, lebendigen, von ihr unabhängigen Wesen zur Existenz verholfen und sie auf ihren eigenen irdischen Lebensweg gestellt; sie selbst aber tritt demgegenüber ganz zurück.

Aber auch die anthroposophische Bewegung ist innerlich und äußerlich selbständig gegenüber dem Felde der christlich-sakramentalen Strömung. Sie muß ja auch Menschen zugänglich sein, die heute aus ganz anderen weltanschaulichen und religiösen Voraussetzungen heraus, als sie im Christentum gegeben sind, z. B. aus Buddhismus, Islam usw., an neue Erkenntnisse des Lebens herantreten wollen. Allein der Wille zu neuen Erkenntnissen kann Ausgangspunkt der Beziehung zur Anthroposophie sein, wenn auch die Anthroposophie andererseits ihr Verhältnis zu Christus und zum Christentum ausdrücklich im Zentrum ihrer Lehre sehen und nie verleugnen wird.[41]

Die Christengemeinschaft ist die erste christliche Kirche, die mit vollem Bewußtsein eine Beziehung zu den heute möglichen Geisterkenntnissen der Anthroposophie sucht; aber ihr Ausgangspunkt, ihre Grundlage ist die Beziehung zu Christus unmittelbar. Eine solche Beziehung will sie in ihren Sakramenten, in Verkündigung, Seelsorge und Gemeindebildung herstellen. Wer eine solche Beziehung anstrebt, kann Zugang zu ihr finden – ohne jede Voraussetzung im Verhältnis zur Anthroposophie. Die Christengemeinschaft ist nicht »Kirche der Anthroposophen«; sie ist für alle Menschen da, die eine Erneuerung des christlichen Lebens erstreben, *auch* für Anthroposophen; und wer aus den Grundlagen der Anthroposophie heraus Zugang zu einem modernen christlich-sakramentalen Leben sucht, wird in der Christengemeinschaft für die religiöse Übung eine geistige Heimat finden können.

Erste Ansätze

Die erste Frage

Schon Anfang 1920 war eine erste Frage in bezug auf die Zukunft des Christentums an Rudolf Steiner gestellt worden; dies geschah durch JOHANNES WERNER KLEIN, der später zusammen mit Friedrich Rittelmeyer und Emil Bock das erste Kollegium der Oberlenker bildete. Klein studierte damals in Marburg. Er war eines der besonderen Talente im ersten Priesterkreis, eine markante Gestalt, außerordentlich redegewandt.

Mit Klein befreundet und ebenfalls Student in Marburg war MARTIN BORCHART (1894–1971), der eines Tages – auf Anregung seiner Frau – den Entschluß faßte, Dornach zu besuchen, um Rudolf Steiner zu hören. Ein solches Unternehmen war damals – Anfang 1920 – keineswegs ohne weiteres ins Werk zu setzen, ja es war nahezu aussichtslos; trotzdem gelang es, mit Überwindung vieler Schwierigkeiten, ein Visum und das nötige Geld zu beschaffen; Klein schloß sich dem Ehepaar Borchart an. Sie kamen Februar 1920 nach Dornach.

Nach dem ersten Vortrag[42] bat J. W. Klein Rudolf Steiner um ein Gespräch. Dabei stellte er die Frage »nach der dritten Kirche über Katholizismus und Protestantismus hinaus« – so berichtet Klein selbst.[43] Die Antwort Rudolf Steiners lautete: »Wenn Sie das durchführen, was Sie vorhaben – und es lassen sich die Formen dafür finden –, dann bedeutet das etwas ganz Großes für die Menschheit.« Und Klein weiter: »Das war das entscheidende Wort. Dr. Steiner gab dann praktische Ratschläge. Vorbedingung: eine kleine, feste Organisation. Diese Bewegung muß an vielen Orten gleichzeitig straff und einheitlich begonnen werden ... ›Wie alt sind Sie jetzt?‹ – ›21 Jahre.‹ – ›Glauben Sie denn, eine genügende Anzahl junger Menschen etwa in Ihrem Alter für diese Idee begeistern zu können, etwa 30 bis 40?‹ – Ich bejahte die Frage ... Das war Dornach im Februar 1920. Schwer gesegnet mit Reichtum und neuer Kraft fuhren wir zurück.« Auch von einem neuen christlichen

53

Kultus, dessen Formen gefunden werden könnten, hatte Rudolf Steiner bereits in diesem ersten Gespräch Andeutungen gemacht.

Mit diesem ersten Ereignis ist aber zugleich auch eine erste Tragik verbunden. Denn obwohl die entscheidende Frage schon Anfang 1920 ausgesprochen und die entsprechende Antwort von Rudolf Steiner gegeben war, erfolgte zunächst nichts; selbst Martin Borchart erfuhr von Klein kein Wort über die so außerordentlich wesentlichen Punkte des Gesprächs. Klein hatte Rudolf Steiner mißverstanden, als solle *er selbst* den neuen Kultus finden; er notierte sich deshalb in seinem Tagebuch als Zukunftsplan: »Absolvierung der Universitätzeit; sodann Beginn des eigentlichen Studiums: Urchristentum und die Kulte der Menschheit. Jetzt Beginn des öffentlichen Wirkens: Verkünden der Anthroposophie als Weltanschauung und Weg zu wahrem Christentum. Hierbei das Finden der Schicksalsgenossen und Mitarbeiter. Zusammenschluß in einer Organisation. Begründen des Kultus, wenn es das Eindringen in die Geisteswelt erlauben würde. So hingelangen zu der entscheidenden Tat.« Klein bemerkt später dazu: »Also, ich hielt das, was der Herbst 1922 in Dornach brachte [die Begründung der Christengemeinschaft], frühestens für ein Zeitdatum wie 1933, 1938 möglich. Und während Dr. Steiner wartete, marschierte ich in Marburg harmlos auf Philosophie los und begann, mein eigentliches Ziel immer mehr aus dem Auge zu verlieren.« So geschah zunächst nichts. Und nach Kleins Zeitplanung hätte die Begründung der Christengemeinschaft in den Beginn bzw. Höhepunkt der Nazizeit in Deutschland fallen müssen!

Menschliche Unzulänglichkeit

Diese und die nachfolgenden Begebenheiten sind deshalb so ausführlich geschildert, weil etwas Wesentliches daran deutlich wird: Wenn die vorangehenden Ausführungen richtig waren, so hatte sich die Stiftung der Christengemeinschaft »auf geistigem Felde« längst vollzogen; in der geistigen Welt war sie bereits Wirklichkeit. Aber wie würde sie nun auf der Erde ankommen? Die geistigen Wesen mußten warten, bis das Bewußtsein bei einigen Menschen zu den Notwendigkeiten der religiösen Erneuerung erwachte und dadurch offen wurde für die Entwicklung, die sich ihren geistigen Voraussetzungen nach bereits angebahnt hatte. So ist, was wir von J.W. Klein geschildert haben, mehr als eine zur Entstehung der Christengemeinschaft gehörige Anekdote; in ihr spiegelt sich die Unzulänglichkeit der irdischen Bewußtseine. Diese Unzulänglichkeit wird nun weiterhin noch eine nicht unerhebliche Rolle spielen. Immer wieder wird es sich zeigen, wie langsam die Notwendigkeiten erkannt und verstanden werden, welche mit dem Neuansatz auf Erden zusammenhängen. Daß die Christengemeinschaft dennoch 1922 auf der Erde zustande kam, gibt nach alledem Anlaß zum Staunen.

So stellt sich also die gerade geschilderte Episode – gleichsam »von oben« betrachtet – folgendermaßen dar: In der geistigen Welt ist alles vorbereitet; diese Tatsache sucht nach irdischer Realisierung; sie beginnt in den Bewußtseinen der zu diesem Schicksal gehörigen Menschen zu »wetterleuchten«: als Wunsch, als unbestimmte Sehnsucht, als Frage nach der Zukunft. Martin Borchart hat selbst oft erzählt, wie der plötzliche Wunsch seiner Frau, Dornach zu besuchen, völlig irrational war, den Zeitumständen widersprechend. In der Zeit der Streiks, der schwierigsten Verkehrsverhältnisse, wo es kaum möglich war, ein Schweizer Visum und Schweizer Währung zu bekommen, stand eigentlich alle Vernunft einer solchen Unternehmung ganz und gar entgegen. Charakteristisch ist auch, daß der Einfall zu dieser Dornach-Reise bei Frau Borchart mitten in der Nacht kam – aus dem Schlaf heraus.

Borchart teilte dann den Plan während der nächsten Vorlesung J. W. Klein mit, der auch ohne Zögern darauf einging. Aber auch hier wirkt etwas Besonderes herein: Der Wunsch, Rudolf Steiner zu sprechen, lag ja gar nicht in Kleins ursprünglicher Absicht; der Gedanke »kam ihm« erst, als er Rudolf Steiners Vortrag hörte. Daß ihm dann nicht entfernt bewußt wurde, auch für andere würde das Gespräch eine Bedeutung haben, gehört zu den vielerlei Ungereimtheiten, welche das Bewußtsein der beteiligten Menschen betrafen. Was mußte geschehen, daß der Funke zündete?

Die zweite Frage

Einige Zeit danach kam Gertrud Spörri nach Dornach. Und nun geschah das Erstaunliche, daß auch sie sich entschloß, Rudolf Steiner um ein kurzes Gespräch zu bitten – auch sie stellte eine Frage, ähnlich wie Klein. Diesmal antwortete Steiner ebenfalls zustimmend: »... über religiöse Zukunftsfragen ließe sich ein Kursus veranstalten mit noch intimerem Charakter als

55

z. B. bei den Medizinern« (Klein). Er wies bei diesem Gespräch auf zwei Studenten hin, die mit ähnlichen Fragen bei ihm gewesen seien, konnte aber keine Namen nennen. So ging auch dieses Gespräch ins Offene. Auch Gertrud Spörri fand keinen Ansatzpunkt, die Antwort Rudolf Steiners aufzugreifen und zu handeln. Wertvolle Wochen und Monate verstrichen. Die erfolgten Anregungen hatten zunächst keine praktischen Folgen. Wie sollte es weitergehen?

Wir folgen wieder dem Bericht J. W. Kleins: »Im Hochschulkurs Ostern 1921 am Goetheanum traf ich mit Fräulein Spörri zusammen. Sie war Theologin. Meine ganze angestaute Ironie in puncto dieses Studiums ergoß sich über sie. Was sie denn eigentlich wolle und noch erhoffe? Sie kam sehr ins Gedränge und mußte schließlich als letztes Bollwerk ihrer Stellung einen Ausspruch Dr. Steiners anführen ...« Und nun folgt die oben zitierte Antwort Rudolf Steiners, die einen Kursus über religiöse Zukunftsfragen in Aussicht stellt.

36 Martin Borchart
(1894 Berlin – 1971 Stuttgart),
Lenker der Christengemeinschaft

37 Thomas Kändler
(1901 Eibenstock / Erzgebirge –
1957 Hamburg)

Klein erkennt nun mit einem Schlag seinen Irrtum, indem er an einen persönlichen, ihn zunächst allein betreffenden Auftrag glaubte. Jetzt endlich »zündete der Funke«. Gertrud Spörri »reiste nach Berlin und sammelte mit Emil Bock zusammen den Berliner Kreis; in Marburg bildeten Klein und Borchart einen ebensolchen; in Tübingen waren Ludwig Köhler, Thomas Kändler, Gottfried Husemann und andere. Zu Pfingsten 1921 – Friedrich Rittelmeyer war damals infolge eines Absturzes im Gebirge krank und verfolgte aus der Ferne die Anfänge der neuen Bewegung – fanden sich die ersten Begründer zusammen und ratschlagten. Es schien wichtig, den ersten Schritt, der alles ins Rollen brachte, genau ins Auge zu fassen ...« (G. Husemann)

Jetzt beschleunigen sich die Ereignisse. Denn es dauert nun nur noch etwas mehr als ein Jahr, bis es im September 1922 tatsächlich zur Gründung der Christengemeinschaft kommt. Seit der ersten Anfrage im Februar 1920 durch J. W. Klein ist inzwischen – bis Pfingsten 1921 – bereits genausoviel Zeit ungenutzt verstrichen.

Die dritte Frage

Man beschloß, eine Eingabe an Rudolf Steiner zu machen, in der noch einmal die Frage nach der Zukunft des Christentums formuliert werden sollte, nun aber im Namen eines Kreises von etwa 18 jungen Menschen, die dann auch meist an der Gründung der neuen Bewegung teilhatten.[44] Der Text dieser Eingabe ist erhalten und hat folgenden Wortlaut:

Eingabe an Herrn Dr. Steiner
Da nach unserer Überzeugung die Entfaltung des Geistbewußtseins dasjenige ist, was die gegenwärtige Menschheit zunächst erwerben will, und da außerdem Religion in ihrem lebendigen Leben, in ihrem lebendigen Geübtwerden innerhalb der menschlichen Gesellschaft das Geistbewußtsein entfacht, sehen die unterzeichneten Studenten aus diesen Tatsachen eine Richtung sich ergeben für die Tätigkeit, die sie aus der anthroposophischen Bewegung heraus vielleicht auszuüben haben.

Da wir heute an den mit der Ausübung der Religion verbundenen Begriff des Priestertums nur mit einer gewissen Scheu herangehen können, solange einerseits derselbe nur abgeleitet wird von dem, was bis heute als priesterliche oder kirchliche Institution dagewesen ist, und da wir andererseits nicht wissen, ob überhaupt etwas ähnliches oder wie etwas anderes an dessen Stelle treten muß; da wir schließlich glauben, daß alle weiteren Fragen nach dem, was mit religiöser Übung und religiöser Betätigung umschrieben wurde und nach dem, was als religiöses Milieu das menschliche Leben von der Geburt bis zum Tode zu umgeben habe, erst richtig gestellt werden können, nachdem auf diese erste Frage eingegangen worden ist, bitten wir Herrn Dr. Steiner, uns über diese Frage Auskunft zu geben.

Aus einer Antwort kann sich für den einzelnen ergeben, ob er in diesem Zusammenhang Aufgaben zu erfüllen imstande ist.

Stuttgart, den 22. Mai 1921

[unterzeichnet von:]

Werner Klein, stud. philos.
Gertrud Spörri, stud. theol.
Ludwig Köhler, stud. theol.
Gottfried Husemann, stud. chem. früher theol.

(Weitere ca. 18 Unterschriften sind angefügt.)

Aus diesem Wortlaut ist zu entnehmen, daß die Christengemeinschaft nicht etwa »auf Drängen« einiger junger Theologen oder Rittelmeyers zustandegekommen ist, daß sie Rudolf Steiner nicht »abgerungen« wurde, wie immer wieder behauptet wird. Drei *Fragen* stehen am Ausgangspunkt, auf die jedesmal eine positive Antwort erfolgte. Auf die »Eingabe« hat Rudolf Steiner außerordentlich entgegenkommend geantwortet. Er war bereit, zu helfen und zu raten; sofort wurde der Termin für den ersten »Theologenkurs« angesetzt, der schon wenig später, vom 12. bis 16. Juni 1921, in Stuttgart stattfand. Weitere Kurse folgten.

Rudolf Steiner hat jedoch von Anfang an keinen Zweifel daran gelassen, daß die eigentliche Gründung auf Erden nicht von ihm, sondern von den Trägern der neuen Gemeinschaft selbst vollzogen, verantwortet und weitergeführt werden müsse. Die Christengemeinschaft sollte als selbständige Bewegung *ihren* Weg beschreiten.

Da nach unserer Überzeugung die Entfaltung des Geist-
bewußtseins dasjenige ist, was die gegenwärtige Menschheit zunächst
werden will und da außerdem, Religion in ihrem lebendigen
Leben, in ihrem lebendigen Zuteilwerden innerhalb der menschlichen
Gesellschaft das Geistbewußtsein entfacht", sehen die unterzeichneten
Studenten aus diesen Tatsachen eine Rüstung sich ergeben für die
Tätigkeit, die sie aus der anthroposophischen Bewegung heraus vielleicht
auszuüben haben.

Da wir an den heute mit der Ausübung der Religion
verbundenen Begriff des Priestertums nur mit einer gewissen Scheu
herangehen können, solange einerseits derselbe nur abgeleitet wird
von dem, was bis heute als priesterliche oder kirchliche Institution
dagewesen ist und da wir andererseits nicht wissen, ob überhaupt
etwas ähnliches oder wie etwas anderes an dessen Willen treten
muß; da wir schließlich glauben, daß alle weiteren Fragen nach
dem, was mit religiöser Übung und religiöser Betätigung umschrieben würde und nach dem, was als religiöses Milieu das
menschliche Leben von der Geburt bis zum Tode zu umgeben hat,
erst richtig gestellt werden können, nachdem auf diese erste Frage
eingegangen worden ist, bitten wir Herrn Dr. Steiner von Herzen,
uns über diese Frage Auskunft zu geben.

Aus einer Antwort kann sich für den einzelnen ergeben, ob er
in diesem Zusammenhang Aufgaben zu erfüllen im Stande ist.

Stuttgart, den 22. Mai 1921

Werner Klein, stud. phil.-os.
Gertrud Spörri, stud. theol.
Ludwig Köhler, stud. theol.
Gottfried Husemann, stud. chem. früher theol.

Bitte wenden!

In demselben Sinne haben eine Erklärung abgegeben:

Robert Spörri, cand. theol. Zürich
Wilhelm Cloormann, cand. theol. Mannheim
Ludwig Nonnenmacher, stud. theol. Mannheim
Walter Gradenwitz, stud. theol. Wiesbaden
Martin Borchart, stud. phil et theol. Marburg
Rudolf Meyer, Hamburg
Richard Gitzke, stud. theol. Berlin
Otto Franke, stud. theol. Berlin
Horst Münzer, stud. phil. et theol. Berlin
Emil Bock, cand. theol. Charlottenburg
Eberhard Kurras, cand. theol. Saaleck (Thüring.)
Ernst Neukäuff, stud. philos. Breslau
Otto Becker, Hauslehrer, Holzminden

Es fehlen noch einige Unterschriften.

61

Die Gründungsereignisse

Was war notwendig?

F assen wir zunächst einiges Wesentliche von den ersten Schritten, die zur Entstehung der Christengemeinschaft führten, zusammen. Zweierlei ist vor allem festzustellen:

– wie langsam das irdische Bewußtsein der beteiligten Menschen zu den Notwendigkeiten der religiösen Erneuerung und ihrer Zukunftsaufgabe erwachte. Eine Fülle von »Zufällen« unwahrscheinlicher Art spielt hier in die Entstehungsgeschichte hinein; während in der geistigen Welt alles vorbereitet ist, gibt es auf der Erde Mißverständnisse, Verzögerungen, menschliche Unzulänglichkeiten; *trotzdem* kommt im Herbst 1922 die irdische Begründung in voller Kraft zustande;

– daß nicht ein »Drängen«, sondern ein *dreifaches Fragen* am Ausgangspunkt der religiösen Erneuerung stand. Eine wirkliche Frage war es, ob es in Zukunft überhaupt kirchlich-religiöses Leben geben solle, ob nicht mit geistiger und geisteswissenschaftlicher Arbeit zukünftig alles Notwendige für die Menschheit geleistet werden könne.

Es liegt mir daran, auf dieses letzte Motiv besonders hinzuweisen. Die »Eingabe« der Fragesteller zu Pfingsten 1921 in Stuttgart an Rudolf Steiner zeigt die Bereitschaft deutlich genug, auch eine *Verneinung* der Frage entgegenzunehmen; das muß in seinem vollen Gewicht gesehen werden. Die Antwort fiel aber positiv aus. Das war entscheidend.

Zu diesen beiden Gründungstatsachen tritt nun aber noch eine dritte: Denn eindrucksvoll am Gang der Ereignisse ist auch, daß der Begründungsimpuls erst wirklich Leben gewinnt, als eine erste Gemeinsamkeit entsteht; nicht der einzelne für sich – Johannes Werner Klein, Gertrud Spörri – bewirkt das Entscheidende, sondern in der Begegnung der einzelnen, in der gegenseitigen Mitteilung, in der ersten Gemeinsamkeit des Willens »zündet der Funke«. Die Christengemeinschaft ist von vornherein auf solche Gemeinsamkeit hin veranlagt – so wie schon die erste Kirche auf der Gemeinsamkeit der Apostel beruhte und es demgegenüber eine Frage ist, ob es innerlich richtig war, daß die römische Kirche sich später so stark auf den einen – Petrus – gestützt hat.

Von hier aus sei noch einmal ein Blick auf die Zahl der Gründer geworfen. Die Zahl der Urpriester, 45, erhält eine besondere innere Gliederung, wenn man – wie wir das schon mehr allgemein getan haben – die Anzahl der Älteren von den Jüngeren unterscheidet: Es sind dann nämlich in der Tat gerade 12 »Ältere« und 33 »Jüngere«, d.h. unter Dreißigjährige, im Begründerkreis gewesen. Darin mag sich etwas von einer inneren Ordnung ausdrücken, die der Gemeinsamkeit alles nur Zufällige, Beliebige nahm und ihr eine zunächst zwar unbewußt bleibende, aber dennoch wirksame, den einzelnen überhöhende Struktur verlieh.

Die Ereignisse, die sich an die »Eingabe« zu Pfingsten 1921 anschlossen, zeigen, daß nun vor allem *dreierlei* notwendig absolviert werden mußte:
– die »*geistige Grundlegung*« der Christengemeinschaft durch Erweckung des Bewußtseins für all das, was für die religiöse Erneuerung innerlich notwendig wurde: Erkenntnisprozesse und Einsichten mußten angeregt, Gesinnungen erweckt, innere Entscheidungen herbeigeführt werden;
– die »*irdische Grundlegung*« in der Einrichtung all dessen, was äußerlich notwendig war: angefangen von den kultischen Gewändern, Geräten und Substanzen über die Bildung der Gemeinschaftsformen bis hin zur Beschaffung der notwendigen Finanzen.

Denn wenn wir noch einmal den »Blick von oben«, gleichsam aus der geistigen Welt, auf das irdische Geschehen richten, dann steht erneut die Frage vor uns: Wie sollte das, was als Stiftung neuer geistig-religiöser Kräfte bereits in der höheren Welt geschehen war, nun auf die Erde herunterkommen und dort Gestalt gewinnen? Dazu bedurfte es bestimmter Einsichten und *Gedanken*, die verstehen ließen, daß, wie und warum eine neue Form des Christentums entstehen sollte. Es bedurfte aber auch bestimmter Einrichtungen und *neuer Formen* – bis in das Finanzielle hinein –, um dem neu gestifteten Geistigen die zukunftsfähige Hülle zu geben. Das aber war nicht genug, ein Drittes mußte hinzutreten:
– die »*sakramentale Grundlegung*«, die wir eine »*Stiftung*« nennen können: die Stiftung eines erneuerten Priestertums, das all das, was erkannt und eingerichtet werden mußte, erst mit neuem *Leben* erfüllte.

63 Wir werden nun im weiteren diesen drei Motiven folgen.

1. Geistige Grundlegung: die »Theologenkurse«

Die geistige Grundlegung geschah vor allem in drei großen Kursen, die Rudolf Steiner für den werdenden Gründerkreis hielt. Gleich nach der »Eingabe« Pfingsten 1921 hatte er selbst einen solchen Kurs angeboten, der dann auch unmittelbar darauf, im Juni 1921, in Stuttgart stattfand. Dieser erste Kurs, der *»Junikurs«*, versammelte 18 junge Teilnehmer und bot eine erste, eindringliche Orientierung über Kultus, Predigt, Gemeinschaftswirken. Er endete mit dem Auftrag, die Zahl der Beteiligten drastisch zu vergrößern – die neue Bewegung solle an vielen Orten gleichzeitig hervortreten –, und mit der Verabredung, im September/Oktober 1921 in Dornach einen weiteren, sehr viel ausführlicheren Kurs zu halten.

Nun begann bei den Teilnehmern des *»Junikurses«* eine lebhafte Suche nach Gesinnungsgenossen; man reiste kreuz und quer durch Deutschland, um diejenigen ausfindig zu machen, die etwa für eine Erneuerungsbewegung Interesse haben könnten; Bekannte und Unbekannte wurden aufgesucht und angesprochen. Die Zeit dazu war – von Juni bis September – denkbar kurz, die finanziellen Mittel auch aufgrund der allgemeinen wirtschaftlichen Situation äußerst gering.

Das Ergebnis war einerseits erstaunlich – etwa 120 Teilnehmer zählte man zum zweiten Kurs in Dornach; andererseits waren viele unter diesen Hörern des *»Herbstkurses«*, die zwar diskutieren wollten, aber doch keine wirkliche Initiative zu etwas Neuem hatten oder den Mut dazu nicht fassen konnten.

Von diesem Herbstkurs berichtet Emil Bock:

»In der zweiten Hälfte jener 15 Tage war, was Rudolf Steiner uns gab – obwohl sich deutlich zeigte, daß bei weitem nicht alle Teilnehmer des Kurses den Mut haben würden, Träger der zu begründenden religiösen Bewegung zu sein –, unmittelbare Vorbereitung und Ausrüstung zum priesterlichen Wirken mit den für unsere Zeit erneuerten Sakramenten. Die Zukunft war wichtiger als die Gegenwart, und so wurde nunmehr über die Köpfe der in Tradition und Diskussion Verstrickten hinweg – diesen war genügend Tribut entrichtet worden – so gesprochen, als wären nur solche Menschen anwesend, die dann auch wirklich das von der geistigen Welt Gewollte voll in ihren Willen aufnehmen und in Erdentatsachen umsetzen würden. Das heißt nicht, daß nicht auch Antwort auf theologische Fragen gegeben worden wäre. Der alte Dr. Geyer, Rittelmeyers engverbundener Nürnberger

Kampfgenosse und Freund – Dr. Rittelmeyer selbst konnte, weil er krank war, nicht in Dornach dabei sein –, sagte: er habe immer schon darüber gestaunt, in welchem Maße Dr. Steiner auf den mathematischen, naturwissenschaftlichen und historischen Gebieten des akademischen Wissens beschlagen sei, nun sehe er, daß er auch das Feld der Theologie bis in alle Einzelheiten hinein beherrsche; er sei wahrlich eine ganze Universität für sich.«[45]

Und doch kamen die nötigen Entschlüsse nicht zustande: der Herbstkurs 1921 endete ohne äußeres Ergebnis; auch fehlte Friedrich Rittelmeyer aus

Krankheitsgründen. Es dauerte dann noch ein ganzes Jahr, bis sich die mit Junikurs und Herbstkurs gelegten Keime im *September 1922* zur Gründung der Christengemeinschaft entfalten konnten.

Von den 120 Hörern des Herbstkurses waren jetzt die meisten weggeblieben, einige neue hatten sich hinzugefunden. Im September 1922 waren es dann die genannten 45 Persönlichkeiten, welche die Erneuerung des Christentums wagen wollten. Nun war auch Friedrich Rittelmeyer unter ihnen. Die Tatsache, daß er im Herbst 1921 nicht dabei sein konnte, verschaffte ihm zunächst eine innere Freiheit den Erneuerungsbestrebungen »der jungen Leute« gegenüber: Er konnte fürs erste eine distanzierte Stellung einnehmen und die Sache sich entwickeln sehen.

Warum er dann doch bereit war, die außerordentliche Verantwortung zu übernehmen, die ihm als dem geistig weitaus Fortgeschrittensten innerhalb der neuen Bewegung zufallen mußte, begründete er wie folgt: »Als sich der ganze Inhalt dieser vielen Vorträge und Aussprachestunden [des Herbstkurses] vor mir ausbreitete, erstaunte ich aufs neue über Dr. Steiner. Das hatte ich doch nicht erwartet, trotz aller Erlebnisse, daß er auch im Reich der Theologie so König war, daß er nicht nur über Bibel und Bibelwissenschaft, auch über Kirchengeschichte und Konfessionsgegensätze, über die geistigen und sittlichen Tiefen des Christentums so Neues und Großes zu sagen habe, das mächtig in die Zukunft wies. Vor allem war mir lehrreich und bedeutungsvoll, wie konkret, sicher und überlegen er das Gebiet der religiösen Praxis in Angriff nahm. Dies alles gab starke Anregungen. Aber den Ausschlag gab es noch nicht. Die Menschenweihehandlung wurde gesandt. Ich begann, sie sofort gründlich nach allen Seiten durchzudenken und in die Meditation aufzunehmen. Nachdem einige kleine Sprachschwierigkeiten überwunden waren, wirkte der reine, hohe Geist der Menschenweihehandlung auf mich sehr stark. Die Ahnung ging mir auf, daß hier ein Gottesdienst geschaffen sein könnte, in dem alle wahren Christen einig sein können, der als der Mittelpunkt eines wirklichen christlichen Gemeinschaftslebens gelten könnte, um den herum sich ein neues, mannigfaltiges, immer wachsendes religiöses Leben entfaltet. Langsam stieg es in mir empor: Das darf der Menschheit nicht vorenthalten werden! Du selbst darfst jetzt nicht versagen, wenn du nicht an der Menschheit und an der göttlichen Offenbarung selbst schuldig werden willst! Und wenn es unmöglich ist, dies in den vorhandenen kirchlichen Formen an die Menschheit heranzubringen, dann muß eben ein Neues gewagt werden. Ausdrücklich sei erwähnt, daß

Dr. Steiner selbst lange fragte, ob es nicht innerhalb der bisherigen Kirchen-organisation möglich sei, und daß außer den jungen Freunden besonders auch ich es war, der gesagt hat: Es geht nicht, wenn nicht das Neue vom Alten erdrückt werden soll.

Aber das eigentliche Entscheidende kam für mich doch unerwartet und von anderer Seite. Es war das Erlebnis, daß im Brot des Altars wirklich der lebendige Christus zu den Menschen kommt. In unsäglicher Reinheit und Lichtheit war er da. Ein rein geistiger Eindruck war es – nicht im evangeli-schen Abendmahlsgottesdienst, sooft ich ihn in spürbarer Nähe der göttli-chen Welt gefeiert hatte, sondern in der Meditation der Menschenweihe-handlung –, aber es war ein so sicherer und starker Geisteseindruck, daß darauf ein ganzes Leben gegründet werden konnte. Soll ich die Empfindung schildern, die er mit sich brachte, so sprach es in diesem Augenblick: Nun ist es aus mit deiner Tätigkeit in der evangelischen Kirche! Wenn dies hier Wahrheit ist, dann muß es ganz anders in den Mittelpunkt des religiösen Lebens, Denkens und Verkündens gestellt werden, als es in der evangeli-schen Kirche, wie sie geworden ist, möglich ist! Dann liegt darin ein neuer Gottesdienst, eine neue Gemeinschaft, ein neues Christuswirken und eine neue Christusverkündigung.

Daß ich für die Wirklichkeit, die sich mir erschlossen hatte, dazusein hatte, ohne alle Hemmungen durch andere Bindung, das war von der Stunde an klar. So bin ich vom Allerzentralsten aus zu der neuen Christen-gemeinschaft gekommen. Und ich bin froh, daß ich dies sagen kann. Nicht Rudolf Steiner hat das letzte Wort gesprochen, sondern ein Höherer.«[46] Dieses Erlebnis gab den Ausschlag; auf diese Tatsache ließ sich Zukunft bauen.

Imgrunde war aber dieses Erlebnis bei allen Begründern mehr oder weni-ger deutlich vorhanden; Rittelmeyer erfuhr es kraft seiner geistigen Mög-lichkeiten voll bewußt; den anderen trat es in verschiedenster Art, mit un-terschiedlicher Intensität im Verlauf der drei Kurse entgegen, und es wirkte sich in einem tiefen Vertrauen der Sache gegenüber aus, aber auch in der freudigen Begeisterung, das eigene Leben dafür einzusetzen. Wer solche Er-fahrungen nicht hatte, zog sich nach dem Herbstkurs wieder zurück.

Zugleich kam durch die Inhalte der Kurse auch das klare Bewußtsein zu-stande, daß etwas Neues für das Christentum geleistet werden müsse und geleistet werden könne. Den Hörern traten die neuen Möglichkeiten vor Augen, welche in der Gegenwart und Zukunft für ein neues, weltweites

39 *Dr. Christian Geyer, Hauptprediger in St. Sebald in Nürnberg, enger Freund und »Kampfgefährte« Friedrich Rittelmeyers in der evangelischen Kirche Bayerns.*

Wirken des Christentums erwachsen sollten. Begeisterung, Wille und klare Einsicht in geistige Notwendigkeiten und Möglichkeiten wirkten bei den Begründern zusammen.

Schon im *Herbstkurs 1921* war es zur Darstellung der Sakramente, ihres siebengliedrigen Organismus gekommen; Grundtatsachen einer erneuerten Theologie, des vertieften Seelsorgewirkens, der Gemeindepraxis leuchteten auf. Rudolf Steiner rief durch seine souveräne Kenntnis der Theologie und ihrer Geschichte und durch die überlegene Behandlung aller Christentums-Fragen bis in die Praxis hinein Erstaunen hervor. DR. D. CHRISTIAN GEYER, der alte Kampfgefährte und Freund Rittelmeyers aus der Nürnberger Zeit, der beim Herbstkurs anwesend war und ein profundes theologisches Wissen besaß, brachte gegen Schluß in einer enthusiastischen Rede dieses Erstaunen zum Ausdruck, daß ein Nicht-Theologe mit dieser Souveränität – in Überschau über die christliche Tradition – die Bahn für das Neue zu brechen vermochte. Im Herbst 1922 wurde das 1921 Dargestellte ergänzt und

68

bis in die Gestaltung der sakramentalen Praxis und zur Veranlagung der Gemeindebildung weitergeführt.[47]

Dies alles gehörte zur *geistigen Grundlegung* der neuen Gemeinschaft. Die großen Perspektiven einer weiten geistigen Landschaft eröffneten sich, in welcher das christliche Wirken in Zukunft seinen Platz finden und seine verwandelnde Macht entfalten sollte. Mit der Begründung der Christengemeinschaft ist zum ersten Mal innerhalb der christlichen Geschichte eine Erneuerungsbewegung da, die aus geistiger Einsicht heraus ihren Weg nehmen konnte. Dies ist Rudolf Steiner und der Anthroposophie zu danken.

2. Irdische Grundlegung

Zu der *geistigen* Grundlegung in den genannten Kursen mußte die *irdische* hinzutreten. Vieles mußte rein äußerlich in ganz andere Formen gebracht werden, als es der bisherigen Handhabung im traditionellen Christentum entsprach, und dabei waren auch viele praktische Fragen zu lösen. Die neuen im Christentum zur Wirksamkeit kommen wollenden Kräfte bedurften neuer Gestaltungen, um sich angemessen offenbaren zu können.

So erscheinen in der Christengemeinschaft die Sakramente zwar wieder in ihrer Siebenzahl und mit den herkömmlichen Bezeichnungen – von der Taufe bis hin zur Priesterweise –, auch lebt in ihnen die Substanz des Uranfangs fort, die von Christus selbst kommt; aber fast alles hat nun eine neue Gestalt und neue Lebendigkeit gewonnen, die den Kräften des *heutigen* Menschen, der »Bewußtseinsseele«[48] angemessen sind: das heißt, sie tragen der Tatsache Rechnung, daß die Menschheit aus einem mehr kindlich-gläubigen Verhältnis zum religiösen Leben herausgewachsen ist und heute ein erkennendes, selbständigeres Verhältnis dazu sucht; auch ist es heute notwendig, in der religiösen Übung mehr ein Mittätigsein als nur ein Hinnehmen der geistigen Tatsachen anzuregen. In dieser Hinsicht ist eine grundlegende Wandlung des Kultus eingetreten.

Dies deutet sich schon in der Loslösung der Kultussprache vom weithin unverständlichen Latein an; die Hinwendung zur Landessprache war damals – 1922, bei Begründung der Christengemeinschaft – ein gewaltiger Schritt mit weitreichenden Folgen. Die katholische Kirche hat inzwischen versucht, diesen Schritt nachzuvollziehen – allerdings unter Verlust ihrer kultischen Substanz, die in der alten Messe geradezu an die besondere Kraft

– man kann hier von »Sprachmagie« reden – und Objektivität des Lateins gebunden war; diese Sprachmagie der alten Messe geht natürlich verloren, wenn nun »Übersetzungen« des lateinischen Wortlautes in Gebrauch genommen werden. Solche Übersetzungen haben bei weitem nicht mehr die Substanz, wie die lateinische Messe sie hatte.[49]

Im Kultus der Christengemeinschaft ist eine Sprachform gegeben, die sich an das mitgehende Verstehen des Hörens wendet, ohne dabei an Substanz zu verlieren. Allerdings werden an Hören *und* Sprechen damit auch neue Anforderungen gestellt – nicht Sprachmagie soll wirken; Priester und Gemeinde müssen sich jetzt im Vollzug des Kultus ganz anders »zur Verfügung« stellen; sie müssen im Sprechen und Hören viel aktiver sein als bei alten Gottesdienstformen – dann vermag sich aber auch in einer Sprache, die sonst dem alltäglichen Leben dient und dadurch veräußerlicht ist, wirklicher Kultus zu offenbaren (siehe dazu auch das auf S. 147 Ausgeführte); er kann – ohne magisch zu sein – Geist-offenbarend und Geist-tragend werden, bei vollständiger Aufrechterhaltung des normalen Bewußtseins.

Das ist nicht selbstverständlich, da die modernen Sprachen alle profaniert sind und sich immer weiter von ihrer ursprünglichen Geistigkeit entfernen. Die Möglichkeit zur Geistmächtigkeit auch der modernen Sprachen ist aber inzwischen vielfältige Erfahrung im erneuerten Kultus geworden, der keine Übersetzung eines alten Textes, sondern in seiner neuen Gestalt bis in den Wortlaut hinein aus der geistigen Welt erflossen ist. Und in Zukunft werden davon erneuernde Impulse auch für die Sprachen auszugehen beginnen, in denen der erneuerte Kultus zelebriert wird. Daß in einer modernen Sprache wieder geistige Inhalte gültig zu leben vermögen, strahlt über den Kultus hinaus in das gesamte Gebiet der Sprachkultur aus.[50]

Erneuerung der Kultusgestalt

Was so von der Erneuerung des Sprachlichen im Kultus gesagt werden kann, ist auch für alle anderen Bereiche des Kultus richtig. Alles was zum irdischen Erscheinungsbild der Sakramente gehört, hat eine durchgreifende Neugestaltung erfahren. Das war aus zweierlei Gründen notwendig: In den kirchlichen Handhabungen haben sich im Lauf der Jahrhunderte manche Einseitigkeiten und Fehlentwicklungen ergeben, die richtiggestellt werden mußten; dazu kommt, daß manche Urbilder des Kultus in den alten Formen noch gar nicht in Erscheinung getreten sind – als Beispiel seien die sieben Leuchter auf dem Altar genannt, die ihr Urbild im himmlischen Kultus haben. Bereits im jüdischen Tempel wurde ein siebenarmiger Leuchter gebraucht,[51] und in der Apokalypse (im 1. Kapitel) erscheinen sieben Leuchter.[52] Auf den Altären der Christengemeinschaft zeigt sich erstmals dieses Urbild als wesentliches Element.

So ist die alte Messe in der Menschen-Weihehandlung z. B. auch von allem Beiwerk befreit und auf das Wesentliche zurückgeführt worden: Die vier Schritte, die von der *Evangelienlesung* über *Opferung* und *Wandlung* zur *Kommunion* hinführen, treten in der Menschen-Weihehandlung erstmals deutlich hervor.[53]

Die Gewandung des Priesters,[54] die Gestalt des Altars[55] und was zu ihm gehört – Tücher, Leuchter, Stufen, Bild –, ja sogar die Zusammensetzung des Weihrauchs u. v. m. sind neu gestaltet, d. h. ihren Urbildern angenähert bzw. den ihnen zugrundeliegenden wesentlichen Aussagen und Kräften entsprechend so geformt, daß damit die in der Menschheit liegenden Zukunftsimpulse erweckt und entwickelt werden.

Denn das ist der zweite Grund für die kultische Neugestaltung: In der geistigen Welt selbst sind neue Impulse da – wir haben dieses Motiv schon im Zusammenhang mit der Wiederkunft Christi behandelt –, die in die Zukunft drängen und auch eine neue Impulsierung des christlichen Kultus erfordern.

Vieles wäre in dieser Hinsicht noch zu nennen. So ist z. B. auch das Mitgehen des Kultus mit den christlichen Festen ganz neu gebildet worden: Es sind nun dreimal drei Festeszeiten (nicht nur einzelne Feste) im christlichen Jahr:

– Advent, Weihnacht, Epiphanias;
– Passion, Ostern, Himmelfahrt;
– Pfingsten, Johanni, Michaeli.

Das heißt aber, daß das christliche Jahr zum ersten Mal in der Geschichte des Christentums eine deutliche Gestalt und Gliederung erhalten hat, die ebenfalls urbildlichen Charakter haben und keine Ansammlung von Gelegenheitsdaten mehr darstellen, wie es z. B. bei den Heiligenfesten des alten Kirchenjahres der Fall ist.[56]

Auch die Farben der Festzeiten, wie sie am Altar und an den Gewändern erscheinen, entsprechen wieder den damit verbundenen geistigen Wirklichkeiten.[57] Ein eindeutiges Wissen um diese Wirklichkeiten ist ja weithin verlorengegangen: Von der tieferen Bedeutung der Gewänder, des Weihrauchs, des Rechts und Links am Altar usw. weiß man in den Kirchen heute kaum noch etwas; alles ist nur noch Tradition. Manches wird – wie heute der Weihrauch in der gewöhnlichen Messe – aus Unverständnis weggelassen, oder es werden Veränderungen vorgenommen, die keine Verbesserungen des Alten darstellen. Demgegenüber treten im erneuerten Kultus nicht nur die Urbilder des geistigen Geschehens wieder neu oder auch erstmals in Erscheinung, sondern gleichzeitig konnte bei der Begründung dieses erneuerten Kultus auch sein geistiger Sinn, die Bedeutung der Gestaltungen und Geschehnisse, dem menschlichen Verständnis erschlossen und mitgegeben werden.[58]

Durchgreifend und vielschichtig ist also die Erneuerung auf diesem Felde gewesen. Zu dieser Neugestaltung des Kultus tritt nun notwendig ein weiterer Bereich der irdischen Grundlegung hinzu, der aber vielerlei Mißdeutungen ausgesetzt ist: die irdische Gestaltung der Priestergemeinschaft und ihrer »Hierarchie«.

Die Hierarchie

Die Priesterschaft der Christengemeinschaft ist »hierarchisch« gegliedert, d.h. in ihr wirkt eine Stufenfolge von Ämtern, die von Pfarrern, Lenkern, Oberlenkern und dem Erzoberlenker ausgeübt werden.[59]

Diese Form des Zusammenwirkens innerhalb der priesterlichen Gemeinschaft ist mit der Begründung 1922 unmittelbar verbunden; sie war notwendig, um in bestimmten Bereichen des Kultuswirkens eindeutige Kompetenzen und Verantwortungen zu schaffen.

Wir erinnern uns: Zu den ersten Trägern der Hierarchie im engeren Sinne (im weiteren Sinne gehören die Pfarrer dazu) wurden 1922 Friedrich Rittelmeyer, Emil Bock und Johannes Werner Klein als Oberlenker, Gertrud Spörri als Titularoberlenker, Johannes Perthel, Friedrich Doldinger und Alfred Heidenreich als Lenker bestellt: ein »Siebenerkreis«; das Amt des Erzoberlenkers wurde von Friedrich Rittelmeyer 1925 übernommen (am 24. Februar). Von diesen Persönlichkeiten lebt niemand mehr.

Mit dem Begriff »Hierarchie« sind heute sehr schnell die Vorstellungen von Verfügungsgewalt und Machtausübung verbunden; man vermutet dabei Autoritätsansprüche von »Amtspersonen« und die Forderung nach Un-

72

40 Die drei ersten Oberlenker, von links nach rechts: Emil Bock, Friedrich Rittelmeyer, Johannes Werner Klein

terwerfung unter Normen, welche die menschliche Freiheit einschränken oder gar knechten könnten und die für die heutige Zeit völlig unangemessen seien. Schnell ist das Wort von überholten, mittelalterlichen Strukturen bei der Hand.

Man übersieht dabei zweierlei: Der Charakter der Hierarchie in der Christengemeinschaft ist ganz anderer Art als etwa in der katholischen Kirche, deren Strukturen in der Tat aus dem Mittelalter und teilweise sogar aus noch früheren Zeiten stammen. Dort basiert z.B. die Weisungsbefugnis des Bischofs den Priestern seiner Diözese gegenüber auf der Tatsache, daß er über eine »höhere« Weihe verfügt und damit in der geistigen Kompetenz höher steht als ein katholischer Pfarrer; denn der Bischof allein hat die Vollmacht zur Priesterweihe, einem einfachen Pfarrer fehlt diese Vollmacht. Ähnlich basiert die höhere Autorität des Papstes auf seiner »Unfehlbarkeit« in ethischen und Glaubensfragen, soweit er sie »ex cathedra« in Anspruch nimmt.

Aus all dem folgt aber nun, daß nur der Bischof selbst die Realität der Kirche unter den Gläubigen geistig vollgültig repräsentiert – und zwar aufgrund seiner höheren Weihevollmacht und der damit gegebenen höheren Kompetenz –; die Autorität der Gemeindepriester ist demgegenüber nur eine abgeleitete und nur so lange gültig, als sie sich mit dem Bischof in Übereinstimmung befindet. Ähnlich hat die bischöfliche Kompetenz letztlich auch wieder im Papsttum ihren Halt; die Bischöfe sind heute gehalten – nach dem Unfehlbarkeitsdogma von 1870 –, die vom Papst »ex cathedra« (kraft seines Amtes) gefällten Entscheidungen in ethischen und Glaubensfragen absolut anzuerkennen, weil beim Papst in diesem Falle ein höherer Grad an Inspiration (durch den Heiligen Geist) vorliegt.[60]

Von diesen geistigen Strukturen der katholischen Hierarchie unterscheiden sich die der Christengemeinschaft nun erheblich; denn hier hat jeder Priester grundsätzlich die gleiche Weihevollmacht, auch die Vollmacht, Konfirmationen oder Priesterweihen zu vollziehen,[61] so daß sich das hierarchische Element gerade nicht auf höhere Weihegrade, größere *geistige* Kompetenz abstützt. Das bedeutet, daß jeder Pfarrer in seiner Gemeinde das Wesen der Kirche – der Christengemeinschaft – voll repräsentiert, was z.B. auch in der Tatsache gegeben ist, daß er Lehrfreiheit besitzt, soweit er nicht dem von ihm ausgeübten Kultus widerspricht. In dieser Hinsicht herrscht also ein *höchstes* Maß an geistiger Autonomie und individueller Einsatzmöglichkeit, wie sie so in der bisherigen Geschichte der christlichen Kirche *noch nie* da waren.[62]

74

Die »Autorität« der Lenker und Oberlenker beruht somit nicht auf höherer geistiger Kompetenz durch höheren Weihegrad, weil es nur die eine Priesterweihe gibt, an der jeder Priester der Christengemeinschaft voll Anteil hat, und nichts, was der katholischen Bischofsweihe entsprechen würde; die Feier beim Amtsantritt des Erzoberlenkers ist eine »Einsetzung« oder »Erhebung« und keine Weihe; sie vermittelt keinen höheren Weihegrad, sondern läßt die ganz andere *soziale* Kompetenz des Amtsträgers in Erscheinung treten, die mit dem Wort »Mittelpunkt der Priesterschaft« – im Gegensatz zu »Oberhaupt der Kirche« – zum Ausdruck gebracht werden kann.

Der einzelne und die Gemeinschaft

Daß der einzelne Pfarrer die volle Verantwortung für die geistigen Impulse zu tragen hat, in denen er darinnen steht und die im Zelebrieren, Lehrwirken, in der Seelsorge leben, gibt die größte Möglichkeit zur vollen Entfaltung der Kräfte, die heute nur aus dem Ich des einzelnen Menschen kommen können und sollen und nicht aus einer übergeordneten Autorität (der Kirche). Dazu ist die geistige Autonomie des Priesters die Voraussetzung.

Andererseits sollen diese Impulse, die von dem *einzelnen* kommen, in das größere Feld der *Gemeinsamkeit* eingefügt werden: Das Priesterwirken zielt ja von vornherein nicht auf die Steigerung der eigenen Persönlichkeit – obwohl diese in jeder einzelnen priesterlichen Handlung in höchstem Maße engagiert sein muß –, sondern auf den Dienst an einer größeren Sache, der sich jeder frei unterzuordnen bereit ist. Was der einzelne leistet, tut er nicht für sich, sondern stellt es zur Verfügung, damit es von der geistigen Welt aus ergriffen und erfüllt werden und so der menschlichen Gemeinschaft am besten dienen kann.

Wir sind auf dieses Motiv schon einmal gestoßen, als wir im Hinblick auf Johannes Werner Klein und Gertrud Spörri bemerken mußten, wie sie die Antwort Rudolf Steiners auf die Frage nach einer zukünftigen Kirche als persönlichen Auftrag mißverstanden haben und die damit verbundenen Impulse erst zündeten, als sie andere in diesen Auftrag mit einbezogen. Wir sahen: die Christengemeinschaft ist schon von ihrer Begründung her mindestens ebenso stark auf Gemeinsamkeit gegründet wie sie andererseits mit der geistigen Autonomie ihrer Träger rechnen muß. Sie ist von allem Anfang an Christen-*Gemeinschaft*. Das kann an der Kultusausübung vielleicht noch deutlicher werden. Denn im Kultus leben Kräfte, die dem einzelnen allein, auch bei energischer innerer Entwicklung, so nicht verfügbar wären; nur aus den Möglichkeiten, die in der Christen-*Gemeinschaft* liegen, kann Kultus vollbracht werden, nicht aus den Möglichkeiten eines einzelnen. Das Zusammenwirken der Priesterschaft ist »Gefäß« für unendlich viel höhere und zukünftigere Kräfte, als sie einem einzelnen heute gegeben sein könnten.

Die *Gemeinschaft*, der sich der einzelne mit seiner ganzen Existenz anschließt, wird zum Organ für die geistigen Kräfte, welche durch höhere Wesen in der geistigen Welt entstanden sind und von dorther ihre Wirksamkeit auf der Erde suchen. Sie könnte ein einzelner nicht hervorbringen und auch allein nicht »tragen«, obwohl sie andererseits nur von einzelnen unter Einsatz der Individualität verwirklicht werden können, aber eben aus der inneren Gemeinsamkeit heraus. Kultus kann nur zelebriert werden im existentiellen Anschluß an die Gemeinschaft, in welcher die Substanz der geistigen Welt rechtmäßig lebt. Damit ist ein weiteres wichtiges Motiv mitgegeben: denn auch die *Fortdauer* des Kultus auf Erden kann nur von einer Menschengemeinschaft, nicht von einzelnen garantiert werden. Nicht der einzelne kann sicherstellen, daß der Kultus für die Gemeinde, in der er zunächst wirkt, weiter ausgeübt wird, auch wenn er selbst nicht mehr dazu in der Lage ist, dies zu tun; es ist Sache der Gemeinschaft, dafür Sorge zu tragen.

Von dem Gesagten aus eröffnet sich der Blick auf jenen Bereich, in dem die Aufgabe der Hierarchie zu suchen ist; denn sie muß in besonderer Weise auf die Gemeinsamkeit des Wirkens achten, und zwar in zweifacher Weise:
— daß die Fähigkeit des einzelnen in möglichst optimaler Art in der Gemeinschaft zur Wirksamkeit kommt,
— daß die gemeinsamen Aufgaben in rechter Weise gestaltet und weiterentwickelt werden, zum Beispiel eben, daß die Kontinuität des Priesterwirkens in den Gemeinden erhalten bleiben kann usw.

So haben *Lenker* für die Arbeit in bestimmten Regionen und für die in ihnen wirkenden Pfarrer die entsprechende Aufgabe, *Oberlenker* und Siebenerkreis (außer den drei Oberlenkern gehören ihm vier Lenker an) für die Gesamt-Christengemeinschaft.

Sieben Lenker arbeiten heute in folgenden Bereichen: Nordische Länder (Finnland, Schweden, Norwegen, Dänemark); Niederlande und Belgien; Großbritannien; Frankreich; Schweiz; Österreich; Deutsche Demokratische Republik; Nordamerika; Südamerika; Südafrika; Australien und Neuseeland.

Die Bundesrepublik hat folgende Lenker-Gebiete: Norddeutschland; Rhein-Ruhr; Hessen; Baden; Württemberg; Bayern. Sie werden heute von sechs Lenkern verwaltet.[63] Die Grenzen der Lenkerschaften stimmen mit den politischen Landesgrenzen meist nicht überein.

Mitglieder des *Siebenerkreises* sind heute:
— Taco Bay (Erzoberlenker);
— Johannes Lenz und Hans-Werner Schroeder (Oberlenker);
— Erhard Kröner, Jutta Vietor-Fischer, Maarten Udo de Haes und Andreas Weymann (Lenker).

Kultus: Urbild des Gemeinschaftswirkens

Die Aufgaben der Hierarchie lassen sich weiterhin alle aus der gemeinsamen Verantwortung den Sakramenten und dem Kultus gegenüber ableiten; denn die höchste gemeinsame Aufgabe ist die Vollbringung des Kultus – seine Fortführung und Reinerhaltung muß gewährleistet sein. Daraus ergibt sich die Notwendigkeit, daß der einzelne Priester seinen Arbeitsort nicht selbst wählt, sondern sich im Sinne dieser Aufgabe dorthin senden läßt, wo es für die Fortführung der Sakramente notwendig ist. Selbstverständlich wird dies heute möglichst in Übereinstimmung mit dem einzelnen, nicht gegen seinen Willen geschehen; aus Einsicht in die geistig-sachliche Notwendigkeit, nicht um persönliche Impulse beim Wirken im Kultus in den Vordergrund zu stellen, bringt jeder Priester bei der Weihe die Bereitschaft ein, die Verantwortung der Hierarchie in dieser Frage anzuerkennen. Gewiß werden dabei auch die persönlichen Verhältnisse – Familie, Gesundheit, Lebensalter usw. – mitbedacht werden; wenn hier Diskrepanzen auftreten, wird im Gespräch die Lösung zu suchen sein.[64]

Auch alle anderen Verantwortlichkeiten der Hierarchie: daß der Kultus rein erhalten wird, daß die Lehre dem Kultus nicht widerspricht, daß der Zugang zum Priestertum sowie Schwierigkeiten in der Ausübung der Aufgaben im Sinne der Gemeinsamkeit geregelt werden usw., beziehen sich auf dieses geistig-soziale Feld, das im Kultus sein Zentrum hat und vor persönlicher Willkür geschützt werden muß. Sich diesem Wirken aus der Christuskraft anzuschließen, auch bei Zurückstellung persönlicher Impulse und gleichzeitigem Einsatz aller eigenen Fähigkeiten, ist die grundlegende Gesinnung des heutigen Priestertums. Nur diese *Gesinnung* ermöglicht es der Hierarchie, ihre Aufgabe wahrzunehmen; d. h. die Möglichkeit des Wirkens erhält die Hierarchie allein aus dem Willen der Priesterschaft, welche die Notwendigkeit dieses Wirkens als *geistig* notwendig anerkennt und deshalb selbst will. In dieser Tatsache liegt ein Keim zukünftiger Sozialgestaltung: wirken zu können aus der freien Anerkennung anderer, nicht aus Machtmitteln heraus; *äußere »Macht« steht der Hierarchie nicht zur Verfügung.*

Wenn nun die Hierarchie in der Priesterschaft besonders auf die Gemeinsamkeit des Wirkens zu achten hat, so muß sie doch gleichzeitig dafür sorgen, daß die Fähigkeiten und Impulse des einzelnen in dieser Gemeinschaft richtig zur Geltung kommen. Wir können diese Aufgabe auch mit Worten Rudolf Steiners andeuten, die er einmal im Hinblick auf die soziale Aufgabe der Gegenwart so formuliert hat:

> »Heilsam ist nur, wenn
> Im Spiegel der Menschenseele
> Sich bildet die ganze Gemeinschaft;
> Und in der Gemeinschaft
> Lebet der Einzelseele Kraft.« *(Aus »Wahrspruchworte«)*

Im Sinne dieser Worte – unter besonderer Berücksichtigung der geistigen Verpflichtungen, die aus dem Kultuswirken entstehen – möchte die Hierarchie in der Christengemeinschaft ihre Aufgabe ergreifen, jenseits von Machtstreben und angemaßter Autorität.

Finanz-Fragen

Wenden wir uns noch einem weiteren Bereich der »irdischen Grundlegung« zu, der aber keineswegs schon eine so starke Ausgestaltung erfahren hat wie die anderen Bereiche. Zum Erstaunen der Begründer sprach Rudolf Steiner von Anfang an immer wieder über Fragen der Finanzierung und die Aufgaben, die im Gemeindeleben dadurch entstehen. Die Bedeutung dieser Aufgaben und Fragestellung wird erst heute klarer bewußt. Wenn es sich um eine religiöse Erneuerung nicht nur im oberflächlichen Sinne handeln soll, muß dabei den Geldfragen, die sich immer sehr direkt mit dem menschlichen Egoismus verbinden, besondere Aufmerksamkeit zugewendet werden.

Das gilt einmal für den persönlichen Bedarf des Pfarrers und seiner Familie – zum anderen aber auch für die finanziellen Aufgaben, die mit dem Wachstum der Christengemeinschaft auftreten. Es war von Anfang an in der

Christengemeinschaft selbstverständlich, hier den Grundsatz der freiwilligen Zuwendung durch die Gemeindeglieder zu praktizieren und nicht durch den Staat Kirchensteuer einziehen zu lassen, was in der Bundesrepublik an sich möglich wäre, da die Christengemeinschaft hier über die Rechte einer öffentlichen Körperschaft verfügt. Es liegt auf der Hand, daß damit große menschliche und soziale Aufgaben verbunden sind, die mit den Fragen angedeutet werden können:
– Wird der Pfarrer abhängig von der Gebefreudigkeit der Gemeinde?
– Wie kann er seinen Bedarf geltend machen, und wer beurteilt das?
– Wie kommt das richtige Bewußtsein in der Gemeinde über diese Fragen zustande?

Weiterhin gehören zu diesem Bereich folgende Fragen:
– Wie wird ein Ausgleich innerhalb einer Gemeinde zwischen »arm« und »reich« möglich?
– Wie werden finanzielle Fragen, die umfangreiche Leistungen notwendig machen (Bauten, soziale Betreuung von Kranken und Alten, Kinder- und Jugendlager u. v. m.), bewältigt?
– Wie werden Aufgaben, die über die einzelne Gemeinde hinausgehen, dargestellt, organisiert und durchdrungen (Ausbildung, Ausbreitung und Hilfe für andere Gemeinden, Altershilfe für Pfarrer und Mitarbeiter sowie deren Angehörige, Ausgaben der Leitung usw.)?

Es blieb bei der Begründung der Christengemeinschaft kein Zweifel, daß ihr auf diesem Feld ein wichtiger Beitrag zur schrittweisen Bewältigung der sozialen Frage zufallen würde, ja daß die soziale »Dreigliederung«, die Rudolf Steiner 1919 eingeleitet hatte, in der Christengemeinschaft einen speziellen Verwirklichungsbereich finden sollte.

Mit dieser Aufgabe stehen wir an einem Anfang. Die Christengemeinschaft ist in der Zeit der Inflation 1921/22 unter großen persönlichen Opfern entstanden. Diese Opfer sind von vielen Menschen – Gemeindegliedern, Pfarrern und deren Angehörigen, ehrenamtlichen und angestellten Mitarbeitern– gebracht worden, oft auch unter bitteren Entbehrungen bei äußerstem Arbeitseinsatz. Opfer haben die Arbeit bis heute getragen, wofür wir tiefe Dankbarkeit empfinden. Und dies alles war möglich, ohne daß gleich die richtigen Formen vorhanden waren, unter denen sich dieser Bereich der religiösen Arbeit sicher und gesund entfalten konnte; die Fragen der geistigen und sakramentalen Grundlegung nahmen die Kräfte der Priesterschaft und ihre Aufmerksamkeit zunächst voll in Anspruch. Die Kleinheit der jungen Christengemeinschaft ließ auch manche Unzulänglichkeiten noch zu. Heute liegen genügend Erfahrungen vor, die deutlich machen, daß auch der wirtschaftlich-finanzielle Bereich in der Christengemeinschaft bewußter ergriffen und geformt werden muß. Einerseits entstehen, wenn das nicht geschieht, aus der mehr unbewußten Handhabung heraus Einseitigkeiten und Einrichtungen, die zu Hindernissen bei der weiteren Entfaltung der Arbeit werden, z. B.:

– der Pfarrer oder das Pfarrkollegium bestimmt *allein*, wie über Geld verfügt wird, die Gemeinde ist daran nicht beteiligt; oder:

– die Gemeinde bzw. einzelne aus der Gemeinde ergreifen die Aufgabe, über die Gemeindefinanzen zu befinden, Pfarrer werden als fachlich inkompetent eingestuft.

Andererseits hat die Arbeit der Christengemeinschaft in manchen Ländern auch finanziell eine Größenordnung erreicht, die eine öffentliche Verantwortung mit sich bringt und – z. B. in Steuerfragen, in Fragen der Gemeinnützigkeit u. v. m. – viel Sachverstand in Verwaltung und in den Entscheidungsgremien fordert. Wir sind der Öffentlichkeit gegenüber verantwortlich, daß hier ordentlich gearbeitet wird; aber natürlich nicht nur der Öffentlichkeit, sondern auch den Gemeinden gegenüber; und vor allem sind wir dem Geist unserer Christengemeinschaft verpflichtet, daß nicht nur sachgerecht, sondern *geistig* immer richtig verwaltet wird. In der Ausgestaltung dieses ganzen Aufgabenfeldes stehen wir erst heute voll darinnen: ein wichtiger Teil der irdischen Grundlegung der Christengemeinschaft.

Einige Einzelheiten seien kurz erwähnt:

– Die Zuwendung für Pfarrer und Familie bemißt sich nicht nach »Dienstalter«, Ansehen, Leistung usw. Es ist selbstverständlich, daß die Motivierung für die Arbeit unabhängig von der »Bezahlung« entsteht.

– Damit hängt zusammen, daß es prinzipiell keine »Gehaltstarife« gibt; wir suchen nach Formen, die Einkünfte ausschließlich an den Bedürfnissen für Lebensunterhalt, Weiterbildung, Erholung usw. zu orientieren. Das gelingt noch nicht immer zufriedenstellend, die Ansätze aber werden weiterführen.

– Mitarbeiter, die nicht Pfarrer, aber voll für die Christengemeinschaft tätig sind, bekommen ihr Gehalt im allgemeinen im Rahmen der üblichen Tarife; sie können aber, wenn sie es wünschen, an einigen Orten schon ebenso wie die Pfarrer in die freiwilligen Absprachen einbezogen werden.

80

– Als Ideal steht noch vor uns, innerhalb der Gemeinden auch stärker für einen sozialen Ausgleich zu sorgen und die Lasten anderer mitzutragen. Die Arbeit unserer Sozialwerke stellt einen Anfang dar.

– Wachsende Bedeutung hat die gegenseitige Hilfe zwischen Gemeinden bei besonderen Belastungen (Bauvorhaben), in den »Honorarverbänden« der Pfarrer, in Ausbreitungsgebieten usw.

– Bei all diesen Einrichtungen gilt es darauf zu achten, daß die Verantwortungsbereiche überschaubar bleiben und kein unnötiger Zentralismus Platz greift. Wenn genügend individuelle Wahrnehmung möglich ist, kann aus Einsicht, nicht aus »Verfügung von oben« gehandelt werden.

Das richtige Miteinander in diesem Bereich zu finden, ist nicht leicht; dennoch kann man die Formen, die auf dem Weg zu einem solchen Miteinander gesucht werden, als sozial bedeutsam ansehen. Haben sie doch gleichsam in aller Anfänglichkeit »Keimkraft« für viele andere soziale Prozesse, weil geistig-religiöse Gesinnung in einem Bereich wirksam werden muß, der sich an sich am stärksten dem Religiösen widersetzt: im Bereich der Finanzen, in dem sonst der Egoismus in allen möglichen Formen vorherrscht.

3. Sakramentale Grundlegung

Wenden wir uns nun dem dritten Bereich zu, der sakramentalen Grundlegung. Die tiefste geistige Einsicht in die Notwendigkeit einer religiösen Erneuerung und das gründlichste Verständnis des Christentums (geistige Grundlegung), die besten Formen in der Ausgestaltung der neuen Impulse (irdische Grundlegung) – das alles hätte das Entscheidende noch nicht bewirken können. Das Entscheidende mußte dadurch geschehen, daß die Formen *durchdrungen* und die Einsichten *ergriffen* wurden von dem *Strom, der* sich lebensvoll aus der göttlichen Welt ergießen sollte; die *Kraft* mußte der neuen Bewegung gespendet werden, die alles andere erst mit wirklichem geistigen Leben erfüllt.

Ein himmlisches Kraftsystem, ein himmlisches Geistgewebe von göttlichen Kräften liegt der Entstehung der Christengemeinschaft in Wahrheit zugrunde. Diese Kräfte strahlen heute von der Wiederkunft Christi aus; und das Entscheidende war, auf die Erde herunterzuholen, was im Himmel auf Verwirklichung wartete. Der Menschenkreis, der sich dem zur Verfügung

stelle, mußte fähig werden, den Kraftstrom aufzunehmen, der im Übersinnlichen »angestaut« war.

Sukzession?

Hier wirkt eine wichtige Frage herein, die beim Selbstverständnis des christlichen Priestertums aus der Vergangenheit heraus eine bedeutende Rolle
gespielt hat: die Frage der sogenannten »Sukzession« (d. h. »Nachfolge«,
»Erbfolge«, hier speziell die Nachfolge in der christlichen Priesterweihe von
Generation zu Generation). Mit diesem Wort ist darauf hingewiesen, daß in
der christlichen Kirche eine ununterbrochene Weihefolge für das Priestertum vorliegt, ein »Weihestrom«, der auf Christus bzw. auf Petrus zurückgeführt wird. Bei Christus entspringt der Quell, dessen Leben durch die Jahrhunderte hindurchfließt dadurch, daß die Weihe von Priestergeneration zu
Priestergeneration mit der Handauflegung weitergegeben wurde. Priester
kann nach diesem traditionellen kirchlichen Verständnis nur sein, wer an
diesen Weihestrom angeschlossen ist.

Für die neue religiöse Bewegung kam nun – nach 2000 Jahren – kein
äußerer, aber dafür ein innerer Anschluß an diesen Strom der christlichen
Vergangenheit in Frage. Ein katholischer Bischof etwa, der aus der Sukzession heraus über die Weihevollmacht verfügt hätte, war nicht im Kreis der
Begründer. Aber um einen geistigen Neu-Einschlag konnte es sich handeln.
Der unmittelbare Anschluß an den gegenwärtigen Christus ist das, was wir
die »sakramentale Grundlegung« nennen können. Dieser Anschluß führte
zur ersten Priesterweihe der *neuen* Sukzession, zur Weihe Friedrich Rittelmeyers, der dann die Weihe an die anderen Begründer vermittelte.

All dies wurde möglich durch die Anwesenheit und Mitwirkung Rudolf
Steiners. Man muß hier die Begriffe sehr behutsam bilden. Denn Rudolf
Steiner hat betont, daß er die Weihe an Rittelmeyer nicht vollzogen habe. Er
hat sie aber ermöglicht – durch seine Gegenwart, die zum unmittelbaren
Einwirken der göttlichen Welt führen konnte.

Es gibt Vergleichbares, das uns ein Verständnis für diesen Tatbestand na-
hebringt: Manche Lebensprozesse, z.B. im menschlichen Organismus, er-
eignen sich nicht, wenn nicht bestimmte Stoffe (Fermente) wenigstens in
geringen Mengen anwesend sind; offensichtlich *vermitteln* diese Stoffe die
Möglichkeit zu solchen Ereignissen im Lebendigen. Die Anwesenheit Rudolf Steiners bei der Begründung war wie ein »Ferment« höherer Art; sie

machte Ereignisse möglich, welche sonst außer Reichweite der beteiligten Menschen gelegen hätten. Besonders Rittelmeyers an sich schon außergewöhnliche Geisteskraft erfuhr eine Steigerung; er »wuchs über sich hinaus«; dadurch konnte gleichsam der »Funke« der geistigen Welt unmittelbar »überspringen«. So wurde der »geistige Einschlag« möglich, von dem wir gesprochen haben: Der Strom der geistigen Kräfte konnte die irdischen Handlungen, die nun ihren Anfang nahmen, mit Leben erfüllen.

Breitbrunn: Gemeinschaftsbildung als Voraussetzung sakramentalen Wirkens

Aber nicht nur Rittelmeyer selbst, der ganze Kreis hatte die inneren Voraussetzungen mitgebracht, die die Begründung herbeiführen konnten. Wir stoßen hier nochmals auf das schon zweimal berührte Motiv der Gemeinschaftsbildung und Gemeinschaftskraft. Rittelmeyer allein wäre zu all dem auch nicht in der Lage gewesen – aber die anderen ohne ihn ebenfalls nicht. Die Bildung dieser Gemeinschaftskraft hatte sich bereits vor der Begründung entschieden angebahnt – und damit kommen wir auf etwas zu sprechen, was wir bisher noch nicht berührt haben: Der Begründung im September 1922 in Dornach gingen die Tage und Wochen in *Breitbrunn* voraus.

In Breitbrunn am Ammersee lebten MICHAEL BAUER, durch den Rittelmeyer die entscheidende Wende zur Anthroposophie genommen hatte, und MARGARETA MORGENSTERN, die Gattin des 1914 verstorbenen Dichters Christian Morgenstern. Dort versammelten sich die Begründer und bereiteten sich drei Wochen hindurch auf den Dornacher Aufenthalt vor. Gottfried Husemann schreibt darüber:

»Bevor wir nach Dornach fuhren, hatten wir gemeinsam ein einzigartiges Erlebnis als Gäste von Frau Margareta Morgenstern und Michael Bauer in Breitbrunn am Ammersee. CHRISTIAN MORGENSTERN war durch die Liebe, die wir ihm alle entgegenbrachten, und durch die liebenswürdigste aller Gastgeberinnen, Frau Margareta Morgenstern, als wenn er anwesend wäre. Für jeden, der das Glück hatte, Michael Bauer persönlich kennenzulernen, war dieses Kennenlernen ein biographisches Ereignis ersten Ranges. Margareta Morgenstern hat später in dem Buch ›Michael Bauer. Ein Bürger beider Welten‹ sein Lebensbild gezeichnet. Michael Bauer war damals schon ein schwerkranker Mann und konnte nicht mehr reisen. Trotzdem ließ er es sich nicht nehmen, die kurze Strecke von seiner Wohnung zum Versamm-

41 Margareta Morgenstern
(1879 Berlin – 1968 Breitbrunn)

42 Michael Bauer
(1871 Gösserdorf/Oberfranken – 1929 Breitbrunn)

84

43 *Breitbrunn am Ammersee*

lungsraum im Bauernwägelchen zurückzulegen. Nun sprach er zu uns, als Geistesschüler, der zum Geistesboten geworden. Sein Auge: ganz wach für die Sinnenwelt, ganz voller Menschenliebe. Sein Mund: unerbittliche Entschlossenheit, geistige Strenge. Seine ganze ehrwürdige Gestalt: wie unvergeßlich, einmalig. Ein wahrer Rater und Helfer war Michael Bauer und ist es bis zu seinem sechs Jahre darauf erfolgenden Tode geblieben. Friedrich Rittelmeyer war ihm freundschaftlich verbunden.[65]

Da man keinen anderen Versammlungsort in dem kleinen Bauerndorf fand, hatte Frau Morgenstern einen leerstehenden Kuhstall gemietet. Die weißgekalkten Wände waren mit Birkengrün geschmückt. Rittelmeyer, an den wir Jungen uns jetzt erst so recht heranarbeiten mußten, ward nun in vollem Sinn als der geistige Führer dieses Kreises aufgenommen und mehr und mehr anerkannt, je mehr man seine Führerqualitäten kennenlernte.

85

44 *Der Versammlungsraum in Breitbrunn*

In Dornach kam später zu diesen Paten der neuen Bewegung noch eine Persönlichkeit hinzu, die wir alle wenig kannten: Albert Steffen. Sein Gedichtband ›Wegzehrung‹ war damals erschienen und begleitet seitdem mit vielen anderen Gaben seiner Kunst die Priesterschaft auf ihrem Wege. Dr. Steiner hatte ihn eingeladen. Er hat an allen Versammlungen und Zusammenkünften während der Begründung und Inaugurierung des Kultus teilgenommen, außer einer einzigen. Tiefstes eindringendes Verständnis für Sakramentalismus und Kultusvollzug lebte in dieser Persönlichkeit. Rittelmeyer erklärte, es sei ihm niemand bekannt, mit dem man sich so selbstverständlich über Fragen des kultischen Lebens verständigen könne wie mit Albert Steffen.«[66]

Breitbrunn wurde eine wichtige Station auf dem Weg der neuen Gemeinschaft. Nicht nur daß sie »ihre Paten« fand, der Kreis schloß sich nun zu gemeinsamem Wollen zusammen, das Bewußtsein einer gemeinsamen Aufgabe und Verantwortung entstand. Damit begann sich das Gefäß zu bilden, das die Voraussetzung für die sakramentale Grundlegung sein mußte: Denn »ein einzelner hilft nicht, sondern wer sich mit vielen zur rechten Stunde vereinigt« (Goethe). Dieser innerlichste Zusammenschluß vollzog sich in Breitbrunn im »Stall« – die Geburt der neuen Gemeinschaft bahnte sich an.

46 Die Begründer der Christengemeinschaft (aufgenommen in Breitbrunn)

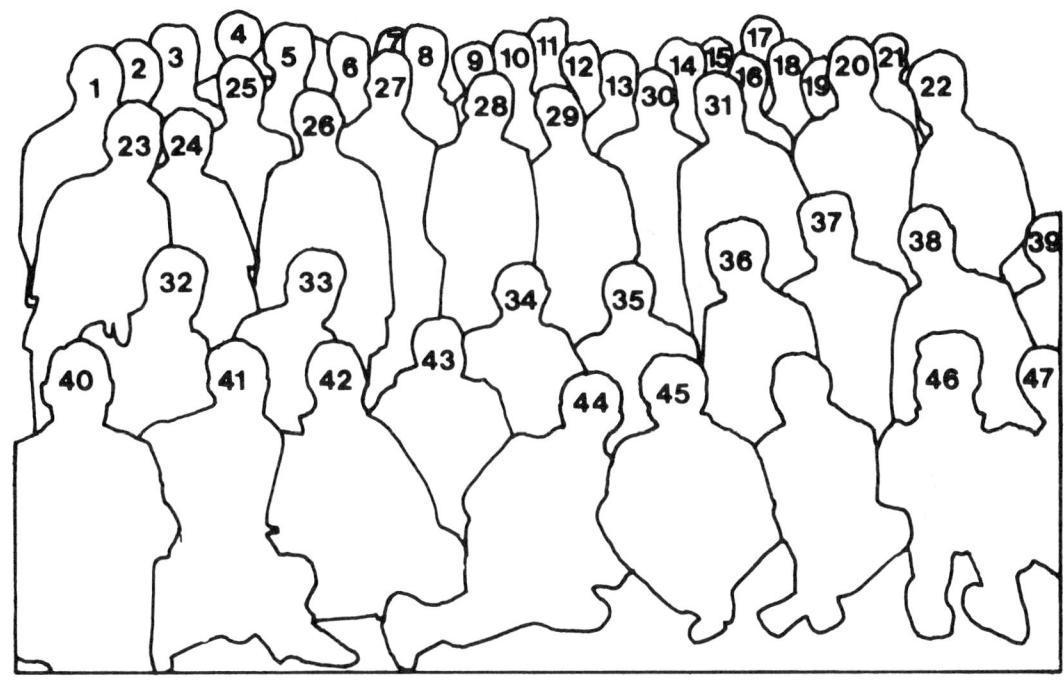

1. Johannes Perthel (1888–1944); 2. Hermann Beckh (1875–1937); 3. Wolfgang Schickler (1894–1960); 4. Adolf Müller (1895–1967); 5. Wilhelm Kelber (1901–1967); 6. Carl Stegmann (1897); 7. Marta Heimeran (1895–1965); 8. Martin Borchart (1894–1971); 9. Friedrich Doldinger (1897–1973); 10. Rudolf Frieling (1901–1986); 11. Waldemar Mickisch (1900–1944); 12. Kurt Willmann (1902); 13. Kurt Philippi (1892–1955); 14. August Pauli (1869–1959); 15. Eberhard Kurras (1897–1981); 16. Hermann Fackler (1886–1978); 17. Wilhelm Ruhtenberg (1888–1954); 18. Heinrich Ogilvie (1893–1988); 19. Alfred Heidenreich (1898–1969); 20. Rudolf von Koschützki (1866–1954); 21. Arnold Goebel (1897–1972); 22. Fritz Blattmann (1882–1969); 23. Joachim Sydow (1899–1949); 24. Jutta Frentzel (1901); 25. Gertrud Spörri (1894–1968); 26. Heinrich Rittelmeyer (1879–1960); 27. Rudolf Koehler (1899); 28. Karl Ludwig (1892–1931); 29. Otto Becher (1891–1954); 30. Gottfried Husemann (1900–1972); 31. Friedrich Rittelmeyer (1872–1938); 32. Claus von der Decken (1888–1977); Wilhelm Salewski (1889–1950); 34. Ludwig Köhler (1900–1985); 35. Harald Schilling (1902–1943); 36. Eduard Lenz (1901–1945); 37. Gerhard Klein (1902–1980); 38. Rudolf Meyer (1896–1985); 39. Kurt von Wistinghausen (1901–1986); 40. Richard Gitzke (1896–1989); 41. Otto Franke (1897–1956); 42. Johannes Werner Klein (1898–1984); 43. Walter Gradenwitz (1898–1960); 44. Emil Bock (1895–1959); 45. Thomas Kändler (1901–1957); 46. Erwin Lang (1897–1985); 47. Hermann Groh (1894–1957).

Ausbreitung

Die Begründung der Gemeinden und erste Ausbreitung

*A*nfang September 1922 hatten sich die Begründer auf Einladung Rudolf Steiners in Dornach (Schweiz, bei Basel) im ersten Goetheanum versammelt; hier – im hochgelegenen »Weißen Saal«, der ganz mit hellem Birkenholz ausgetäfelt war – fanden die grundlegenden Ereignisse statt. Am 16. September 1922 wurde die erste Menschen-Weihehandlung, die zugleich auch die ersten Priesterweihen in sich schloß, von Friedrich Rittelmeyer vollendet. Wenig später kam es zur Gründung der ersten Gemeinden in einer ganzen Anzahl deutscher Städte durch die 45 neuen Priester.

Die erste Phase der Begründung und Entwicklung von Gemeinden war von einer großen Begeisterung getragen. Die Dornacher Ereignisse, die Dichte des dort Erlebten, die intensiven Gemeinschaftserfahrungen wirkten mit ungewöhnlicher Kraft nach und verliehen den weiteren Schritten der Begründer einen Schwung, der die vielfach fehlende Lebenserfahrung ausglich.

Man muß sich vor Augen halten, daß die Zeit von den äußeren Umständen in Deutschland her einer neuen Bewegung, die doch auch finanzielle Mittel brauchte, denkbar viele Schwierigkeiten in den Weg stellen mußte. Gerade 1922 stand die Inflation in voller Blüte; es gab noch keine größeren Menschenkreise, welche die Mittel zur Finanzierung der Lebenshaltungskosten hätten aufbringen können; nirgends waren schon Gemeinderäume oder auch nur die notwendigsten Voraussetzungen für den Kultus (Altäre, Gewänder, Altarbilder, Kelche usw.) vorhanden. Alles mußte unter vielen persönlichen Opfern gleichsam aus dem Nichts heraus geschaffen werden. Möglich wurde dies, weil die Begründung von der Begeisterung des Anfangs durchzogen war.[67]

Die neue Bewegung erregte Aufmerksamkeit. Bis zum Beginn der dreißiger Jahre traten eine ganze Reihe von Persönlichkeiten zum Priesterkreis

47 Erstes Goetheanum in Dornach, erbaut 1913–1920, Silvester 1922 durch Feuer vernichtet. Zwischen den beiden Kuppeln im Quertrakt nach Süden lag der sogenannte »Weiße Saal« (Bildmitte), ein speziell für die Eurythmie gestalteter Raum. Dort fand am 16. 9. 1922 die erste Menschen-Weihehandlung statt.

48 Innenansicht des »Weißen Saals«

hinzu, die lange Zeit für die Wirksamkeit der religiösen Erneuerung mit entscheidend waren: so der Böhme Josef Kral (1923), der zunächst mit Eduard Lenz zusammen die Arbeit in Prag, dann lange Zeit die Arbeit in Österreich getragen hat, Lic. Robert Goebel (1923), Johannes Hemleben,[68] Herman von Skerst (1924), Gerhard Hardorp, Alfred Schreiber, Harro Rückner, Hilmar von Hinüber (1925), Reinhard Wagner, Dr. D. Horst Lindenberg, Dr. Erwin Schühle (1926) – um nur einige wichtige Namen zu nennen.

Bald regt sich auch in anderen Ländern und Sprachgebieten der Wunsch nach den erneuerten Sakramenten: 1926 wird Christian Smit als erster Norweger geweiht, im gleichen Jahr werden Gerrit Gerretsen und Dr. Cornelis Los als erste Holländer Priester.[69] 1927 treten zwei weitere Schweizer, Walter Ebersold und Robert Spörri, neben Gertrud Spörri, die die einzige Nicht-Deutsche im Begründerkreis war. 1931 werden die ersten Briten, Leo Baker und Oliver Matthews, in den Kreis aufgenommen,[70] 1933 mit Josef Adamec der erste Tscheche, 1935 der erste Schwede: Karl Engqvist. In jenem Jahr ist

50 Gottfried Husemann,
Seminarleiter
von 1933 bis 1972

51 Erstes Priesterseminar
in Stuttgart, erbaut 1933

die Zahl der Priester auf 130 angewachsen, bis zum Verbot (1941) kommen noch weitere 15 Priester hinzu.

Die Priesterschaft wuchs, obwohl es zunächst keine systematische Ausbildung gab. Mehrwöchige Kurse in Stuttgart, Mitarbeit beim Aufbau der Gemeinden mußten für den Anfang genügen, konnte doch meist an eine fundierte theologische oder sonstige wissenschaftliche Bildung angeknüpft werden. 1933 entstand das erste Priesterseminar in Stuttgart, dessen Leiter Gottfried Husemann wurde. Ihm sind die grundlegenden Impulse für diese Arbeit zu danken. Viele der Begründer waren in die Lehrtätigkeit einbezogen: Friedrich Rittelmeyer mit seiner großen geistigen und religiösen Kraft, Emil Bock mit profundem theologischen und geistesgeschichtlichen Wissen, Hermann Beckh mit ausgebreiteten Kenntnissen der alten Kulturen Asiens, Persiens, Ägyptens u. v. a., Friedrich Doldinger mit vielseitig künstlerischen Befähigungen, Eberhard Kurras, Rudolf Frieling, Rudolf Meyer, Robert Goebel, Wilhelm Kelber, Rudolf Koehler und manche andere.

94

Diese Persönlichkeiten waren auch insbesondere an der »schriftlichen Verkündigung« der Christengemeinschaft von Anfang an und dann lange Zeit hindurch tragend beteiligt: mit Beiträgen für die Monatsschrift »Die Christengemeinschaft«, die bald eine Leserschaft von 6000 Beziehern erreichte, und mit Büchern, die zunächst im »Michaelsverlag« München, später dann im Verlag der Christengemeinschaft (heute »Verlag Urachhaus«) in Stuttgart erschienen. Gern nimmt man noch heute die kleinen Bände zur Hand, die in der Schriftenreihe »Christus aller Erde«, von Friedrich Doldinger herausgegeben, zahlreich zu finden waren, mit Titeln wie »Der Ursprung im Licht« von Hermann Beckh, »Die Feier« von Rudolf Frieling, »Das Kind« von Rudolf Meyer u. v. a. Rittelmeyer und R. Meyer waren auf diesem Feld unermüdlich am Werk. Sehr schnell setzte auch Emil Bock zu dem großen Werk der Evangelien-Übersetzungen an, das aus einem neuen Verständnis des Neuen Testaments, aus tiefgreifenden Betrachtungen der Evangelien und Briefe heraus entstehen konnte (heute zusammengefaßt in

52 *Die erste Kirche der Christengemeinschaft in Dresden*

dem Buch »Das Evangelium«), sowie zu der gewaltigen geistesgeschichtlichen Überschau, die sich in der Buchreihe von der Schöpfungsgeschichte (»Urgeschichte«) bis hin zur Apokalypse niederschlug. Die Behandlung des Alten Testaments (außer dem genannten Titel: »Moses und sein Zeitalter« und »Könige und Propheten«) fiel dabei wesentlich in die Zeit des Dritten Reiches und der Judenverfolgung als bewußter Beitrag Bocks zur positiven Aufhellung der jüdischen Geschichte und ihrer Weltbedeutung.

Stuttgart war von Anfang an Zentrum der Christengemeinschaft. Hier wohnten Rittelmeyer und Bock, hier entstand schnell eine ansehnliche Gemeinde, hierher kamen der Verlag und das Priesterseminar. Schwerpunkte der Arbeit entstanden aber auch z. B. in Berlin und Hamburg, in München und Dresden, in Frankfurt / M., Leipzig und Breslau. Bis nach Königsberg dehnte sich die Gemeindegründung aus.

96

53 *Innenraum der Kirche in Dresden*

Dabei zeigte sich von Anfang an sehr deutlich, daß sich in allen Gemeinden Menschen einfanden, die gleichermaßen wie die Priester mit dem Wesen der Christengemeinschaft verbunden waren und ihr einen Teil ihrer
Existenz hingaben. Ohne diese »tragenden Gemeindeglieder« mit ihrer Op-
ferkraft hätte wohl die Christengemeinschaft auf der Erde nicht Fuß fassen
können. Hier kamen den Priestern echte Mitarbeiter entgegen, denen für
die Begründung unendlich viel zu danken ist und die oft auch helfende Posi-
tionen in den Gemeinden einnahmen – als Gemeindehelfer, Musiker usw.
Eine Persönlichkeit sei hier stellvertretend für viele andere genannt: Helene
Mommsen, Enkelin des bedeutenden Historikers, die Jahrzehnte hinge-
bungsvoll in Dresden, später in Hamburg als Gemeindehelferin wirkte.

Der Elan der jungen Bewegung entfaltete sich in großen öffentlichen Tagungen, wo die Fülle eines neuen religiösen Welt-Anschauens in zahlrei-

54 Im Innenraum
der Kirche in
Dresden

chen Vorträgen ausgegossen wurde: alles konnte – so wurde deutlich – neu bedacht werden, vor allem auch die großen religiösen Kulturen der Vergangenheit. Die christlichen Schriften erschienen in neuem Lichte, die christlichen Glaubenswahrheiten wurden dem Verständnis neu und vertieft zugänglich. Eine neue Welt wurde, insbesondere durch den neuen Kultus, erlebbar.[71]

Gründungen in außerdeutschen Sprachgebieten machten nötig, die Kultus-Texte aus dem Deutschen in andere Sprachen zu übertragen: 1925 ins Tschechische, 1926 ins Holländische und Norwegische, 1929 ins Englische, dann auch ins Schwedische (1935). Die Gründung in der Schweiz war 1926 und in Österreich 1927 erfolgt. – Nach der Errichtung des Seminarbaus in Stuttgart (1933) entstanden erste eigene Kirchen, 1936 in Dresden und in Den Haag, 1938 in Köln, 1939 in Stuttgart.

Dieses Gesamtpanorama ist eindrucksvoll auf dem oben schon skizzierten Zeithintergrund: Inflation, katastrophal wachsende Arbeitslosigkeit in Deutschland und die 1933 beginnende Nazizeit, und angesichts der Tatsache, daß gleichzeitig auch entscheidende Hindernisse und Rückschläge die junge Gemeinschaft schwer erschütterten.

Hindernisse – Rückschläge – Gegnerschaft

Schon bei der Schilderung der ersten Anfänge vor 1921 zeigte sich, daß die Unzulänglichkeit des menschlichen Bewußtseins auch hemmend in die Entstehungsgeschichte hineingespielt hat: Sowohl Johannes Werner Klein als auch Gertrud Spörri haben anfangs schwere Fehler gemacht, indem sie die richtunggebenden Antworten Rudolf Steiners persönlich nahmen und damit den Beginn der Christengemeinschaft in Frage stellten. Dennoch setzten sich die Absichten der geistigen Welt für einen religiösen Neubeginn auf Erden durch, und so haben diese beiden Persönlichkeiten trotz allem das Verdienst der ersten Fragestellung.

Menschliche Schwierigkeiten und Hemmnisse traten auch weiterhin auf. Ein einschneidendes Ereignis war es, daß Christian Geyer, der Freund und Kampfgenosse Rittelmeyers aus der Nürnberger Zeit, kurz vor der Begründung seine Bereitschaft, gemeinsam mit Rittelmeyer und Bock an die Spitze der Christengemeinschaft zu treten, zurückzog und in seinem evangelischen Pfarramt blieb. Dies war nicht nur für Rittelmeyer ein schwerer

Schlag; für den Neubeginn als ganzen bedeutete der Rückzug einer solchen Persönlichkeit, die ein hohes Ansehen in Deutschland genoß, einen kaum zu ermessenden Verlust an Stoßkraft und an Kraft der Überzeugung. Geyer hatte bis Anfang August 1922 an allen Vorbereitungen für den Beginn aktiv Anteil genommen. Um so schwerer wog nun sein Ausscheiden, das einerseits aus seiner familiären Situation heraus motiviert war, andererseits aber auch aus den grundsätzlichen Schwierigkeiten, die er als protestantischer Theologe dem Kultus gegenüber empfand und die er nicht hatte überwinden können, obwohl auch er einen Fortschritt auf religiösem Felde herbeisehnte.[72]

Der Enthusiasmus der Begründer beschwor bald noch ein ganz anderes Ereignis herauf; denn die notwendige Differenzierung und Abgrenzung gegenüber der anthroposophischen Arbeit wurde am Anfang nicht überall deutlich genug beachtet. Die Christengemeinschaft drohte zur »Kirche der Anthroposophen« zu werden, während sie gerade auch unabhängig von der Anthroposophischen Gesellschaft und über deren Mitgliederkreis hinaus für die Menschen da sein sollte. Rudolf Steiner mußte eine Abgrenzung herbeiführen.[73] Seine damaligen Worte wurden aber – und werden wohl bis heute oft – im gegenteiligen Sinne mißverstanden: als sollte ein Anthroposoph nun gar keine Beziehung zum Kultus und zur Christengemeinschaft eingehen. Rudolf Steiner hatte allerdings vor dem »Untertauchen« in der religiösen Bewegung gewarnt – aber das ist etwas anderes; bald danach hat er in den »Prinzipien« der Anthroposophischen Gesellschaft ausdrücklich die absolute Freiheit in bezug auf die Religionszugehörigkeit und das religiöse Bekenntnis für Mitglieder dieser Gesellschaft betont.[74] Die Frage nach dem Verhältnis der beiden Bewegungen hat gleichwohl weiterhin zu mancherlei Mißdeutungen und gegenseitigen Behinderungen geführt.

Zu erwarten war eine entschiedene Reaktion auf die Entstehung der Christengemeinschaft von kirchlicher Seite. Der Abschied Rittelmeyers von der evangelischen Kirche, in der er doch eine hervorragende Stellung innehatte, konnte nicht unbemerkt vorübergehen. Manche Menschen haben dadurch ebenfalls den Schritt in die Christengemeinschaft, sozusagen auf den Spuren Rittelmeyers, gefunden. Es kam aber nun auch zu einer starken Gegnerschaft, besonders von seiten der protestantischen Theologen, bis hin zu öffentlichen Anfeindungen und auch persönlichen Verunglimpfungen. Auch von seiten der Christengemeinschaft wurde nicht mit harten Worten gespart. Mißverständnisse und Fehldeutungen machten die Auseinandersetzungen schwierig. Sie führten nach dem Zweiten Weltkrieg sogar dazu, daß der Christengemeinschaft vom »Rat der Evangelischen Kirche in Deutschland« die Christlichkeit ihrer Taufe offiziell abgesprochen wurde.[75] Eine eingehende und vor allem sachgemäße Begegnung auf dem Feld der protestantischen und katholischen Theologie ist bisher ausgeblieben – von ganz wenigen Berührungspunkten abgesehen. Die weitreichenden theologischen Neuansätze im Schrifttum der Christengemeinschaft – beispielsweise in bezug auf das Evangelienverständnis – sind bis heute fast unbeachtet. Dafür entstand eine »Gegnerliteratur«, in der grundlegende Mißdeutungen ohne Berichtigung von Buch zu Buch einfach weiter behauptet und zur Grundlage von Fehlurteilen gemacht werden, so z. B. lange Zeit in dem »Standardwerk« über religiöse Sonderbewegungen: »Seher, Grübler, Enthusiasten« von Karl Hutten. Die erstaunlichen Irrtümer und Fehlinformationen über die Christengemeinschaft in diesem viel gelesenen Buch sind erst in der 11. Auflage – nach eindringlichen Protesten und Gegendarstellungen unsererseits – einigermaßen korrigiert worden.

Andererseits muß gesagt werden, daß viele Probleme der heutigen Theologie von uns bisher nicht aufgegriffen worden sind – wie die Fragen der »Textkritik« u. v. a. Da ist ein weites Feld zur Bearbeitung offen.

Während nun die Entfaltung an vielen Orten rasch und erfolgreich vor sich ging, zeigte es sich doch im Schicksal einiger der jugendlichen Begründer, daß sie in ihrer persönlichen Kraft von der Intensität und den Forderungen, welche mit der neuen Aufgabe verbunden waren, überfordert waren. 1929 verließ Johannes Werner Klein, der damals die erste Anfrage an Rudolf Steiner gerichtet hatte, die Christengemeinschaft – in diesem Entschluß vor allem durch persönliche Bindungen bestimmt, die er nicht zu lösen vermochte.[76] Im Schicksalsjahr 1933 wiederholte sich dieses Ereignis – in ähnlicher Weise motiviert – mit Gertrud Spörri, die ebenfalls ihre selbstgewählte Aufgabe und Verantwortung nicht weiter zu tragen vermochte.[77]

Beide Ereignisse bedeuteten schwere Erschütterungen und hinterließen in den Gemeinden und in der Priesterschaft tiefe Wunden. Man wird sie heute, im Rückblick, auch als notwendige Prüfungen erkennen können, denen keine geistige Gemeinschaft entgeht. Von diesem Blickpunkt aus wird deutlich, daß diese Ereignisse durch alle Erschütterungen hindurch auch die Gewißheit gestärkt haben, wie sehr die Christengemeinschaft jenseits aller Schwächen und Gefährdungen ihrer Träger einer geistigen Notwendigkeit dient und von objektiver Kraft vorwärtsgetragen wird.

Die Gemeindegründungen gingen weiter; die Nachbarschaft zur anthroposophischen Arbeit brachte es – bei aller Selbständigkeit der beiden Bewegungen – mit sich, daß die dort eintretenden Schicksale ihre Auswirkungen auch im Bereich der Christengemeinschaft hatten. Vor allem der frühe Tod Rudolf Steiners (1925) war ein solches Ereignis. Sein Rat mußte nun schmerzlich entbehrt werden – er wäre in vielen Fragen, die mit den ersten Erfahrungen der neuen christlichen Gemeindegründung, des erneuerten Kultus, des neuen Priestertums aus ganz neuen, so nicht dagewesenen Voraussetzungen verbunden waren, willkommen gewesen. So mußte aber nun die junge Bewegung die Antwort auf diese Fragen aus sich selbst heraus finden. Auch dies erscheint im Rückblick sinnvoll.

1933–1945

Elf Jahre nach der Begründung konnte ein entscheidender Schritt zur Festigung der Arbeit geschehen: Das erste Priesterseminar entstand in Stuttgart. Damit wurde die Ausbildung auf sichere Füße gestellt. Daß sich dies gerade 1933 ereignete, ist zeichenhaft: Es zeigt sich die schicksalhafte Nähe des inneren Werdeganges der Christengemeinschaft zu den Zeitereignissen.

Die nun einsetzende Naziherrschaft brachte fortschreitende Behinderungen und Bedrohungen. Nur mit Mühe konnte immer wieder das Verbot der Arbeit abgewendet werden (das die anthroposophische Arbeit in Deutschland schon 1935, die Waldorfschulen dann von 1938 an traf). Die hervorragende, geachtete Stellung Friedrich Rittelmeyers spielte dabei eine wesentliche Rolle. Er selbst setzte sich in aufreibenden Verhandlungen mit den Behörden und der Gestapo persönlich für das Fortbestehen der Christengemeinschaft ein; sein Name sicherte ihm dabei ein gewisses Entgegenkommen, mindestens Achtung bei diesen schwierigen Auseinandersetzungen. Aber diese Fahrten nach Berlin und die damit verbundenen Strapazen rüttelten an seiner Gesundheit.

Emil Bock hielt während dieser Zeit unerschrocken Vorträge über die geistesgeschichtliche Bedeutung des Alten Testaments und des Judentums, der Verlag veröffentlichte Bocks bahnbrechende Bücher darüber; ein Gegenschlag gegen den nazistischen Rassenwahn, der nun das Bewußtsein unzähliger Menschen verdunkelte und in Mitteleuropa das Schicksal der jüdischen Mitbürger zunehmend ausweglos werden ließ.

103

Am 23. März 1938 starb in Hamburg Friedrich Rittelmeyer, der erste Erz-oberlenker der Christengemeinschaft, als überragende Persönlichkeit unersetzbar. Einen Augenblick schien es, als sei damit die Stoßkraft der Bewegung in Frage gestellt – so unerwartet kam dieses Ereignis, so finster schien der Zeithorizont. Aber bald formierten sich die gemeinsamen Kräfte neu. Emil Bock ergriff mit starker Hand das Steuer – ihm standen zunächst sieben stürmische, finstere Jahre bis 1945 im Amt des Erzoberlenkers bevor.[78]

Drei Jahre nach seinem Amtsantritt – am 9. Juni 1941 – traf auch die Christengemeinschaft in Deutschland das Verbot, und damit schien der Christengemeinschaft nach nur knapp 19jähriger Wirksamkeit der Todesstoß versetzt. In anderen Ländern allerdings (Holland, Schweiz, England, Norwegen) ging die Arbeit weiter, in England fanden sogar Priesterweihen statt. Aber die Leitung der Christengemeinschaft war an der Weiterarbeit gehindert. Viele deutsche Priester kamen zeitweise in Haft, zur Wehrmacht, auch ins Konzentrationslager: Emil Bock z. B. war längere Zeit im KZ Welzheim. Viele mußten eine andere berufliche Tätigkeit ergreifen. Niemand wußte, wie lange diese Zeit äußerster Entbehrung dauern würde. Aber wo Priester waren, wurde doch im stillen an der geistigen Zielsetzung weiter gearbeitet; während Deutschland äußerlich in Trümmer sank, floß der Strom des Gebetes, der Meditation und des stillen Zelebrierens immer weiter. So ist es kein Wunder, daß er nach dem Zusammenbruch 1945 gleich wieder mit voller Kraft hervortrat und es an vielen Orten, auch in der damaligen »Ostzone«, sofort wieder zum Neubeginn der Gemeindearbeit kam.

Bock hat später oft darüber gesprochen, daß mit der Unterbrechung der Arbeit durch das Verbot und den dadurch möglichen Neubeginn auch eine Schicksalsgnade verbunden war: Denn nun konnten die inzwischen gemachten wichtigen Erfahrungen der ersten Zeit in den Wiederbeginn der Gemeindearbeit einfließen; eine neue Sicherheit war mit dieser Schicksalssituation verbunden. Auch war sehr bald bemerkbar, daß die Untergangserlebnisse nicht spurlos an den Gemeinden und Priestern vorübergegangen waren: Aus den schweren Schicksalen erblühte eine neue Intensität der Arbeit, die der großen Offenheit begegnete, die in den ersten Nachkriegsjahren in vielen Menschen für geistige Fragen da war. So war die Arbeit bis in die fünfziger Jahre hinein von einem enormen Schwung und einer zweiten Welle der Ausbreitung gekennzeichnet.

56 *Wilhelm Kelber, Eduard Lenz, Johannes Perthel, Gottfried Husemann und Emil Bock*
kurz vor dem Zweiten Weltkrieg

Zeitrhythmen

Im Rückblick auf die Ereignisse zeigt sich nicht nur der positive Sinn der angedeuteten Prüfungen und Hemmnisse, auch bestimmte objektive Rhythmen der Entwicklung offenbaren sich. So liegt das Verbot 1941 ziemlich genau 18½ Jahre nach der Begründung 1922 — das ist der berühmte Rhythmus eines »Mondknotens«, der auch sonst in vielen Biographien eine deutliche, einschneidende Rolle spielt (der Mondknoten — der Schnittpunkt von Mond- und Sonnenbahn — erreicht dabei im Tierkreis exakt wieder den Punkt, den er vor etwa 18½ Jahren innehatte)[79]: Was also zunächst nur als ein tragisches äußeres Ereignis erscheint, wird plötzlich einer höheren Gesetzmäßigkeit unterliegend anschaubar. Menschliche Schicksale, Volksereignisse sind damit in einen größeren Sinnzusammenhang eingebunden. Diese Betrachtungsweise bestätigt sich, bedenkt man, daß 1959 auch der zweite Mondknoten nach weiteren 18½ Jahren ein einschneidendes Ereignis brachte: Emil Bock starb genau zu diesem Zeitpunkt, im Advent 1959, am 6. Dezember; eine große weitere Epoche der Entwicklung und Entfaltung der Christengemeinschaft unter Bocks Leitung fand damit ihren Abschluß; 21 Jahre im ganzen hatte dabei Bock die Leitung inne (1938–1959); sieben Jahre des Krieges und Verbotes seit Rittelmeyers Tod, zweimal sieben Jahre des Neuaufbaus der Gemeinden nach dem Krieg — auch ein objektiver Rhythmus. In dieser Zeit entstanden die neuen Kirchenbauten, bis hin zur Kirche in Berlin (1962), die noch von Bock impulsiert wurde: Die Christengemeinschaft gründete sich auf der Erde auch in größeren Bauwerken. Ebenfalls in dieser Zeit breitete sich der Impuls der Gemeindegründung erstmals nach Übersee aus, zunächst nach Nord-, dann auch nach Südamerika.

1978 trat der dritte »Mondknoten« für die Christengemeinschaft ein; auch er hat sich deutlich bemerkbar gemacht. Rudolf Frieling, der als dritter Erzoberlenker Anfang 1960 die Nachfolge Bocks angetreten hatte, beschloß mit den anderen älteren Oberlenkern einen Wechsel in der Leitung aus Alters- und Gesundheitsgründen, und so traten 1979 erstmals drei Oberlenker, die nicht mehr der Begründergeneration entstammten, in die leitende Verantwortung ein: Taco Bay, Johannes Lenz, Hans-Werner Schroeder. Damit ging mit dem Abschluß dieser dritten Periode auch endgültig die Zeit der Begründer und eine erste große Epoche der Christengemeinschaft zu Ende.

Entwicklung bis heute

Die sechziger Jahre brachten in Deutschland zunächst eine gewisse Stagnation in der Entwicklung der Gesamtarbeit. Zwar waren vielerorts Kirchen und Kapellen entstanden, aber es war kein weiterer Ausbreitungsimpuls spürbar; die Kräfte schienen sich zeitweise erschöpft zu haben. Das änderte sich aber in den siebziger Jahren, und heute kann man von einer dritten Ausbreitungswelle sprechen: Überall ist eine verstärkte Nachfrage nach der Wirksamkeit der Christengemeinschaft und des erneuerten Kultus da, und dies so stark, daß heute ein Mangel an Priestern besteht.

Zu den Gebieten unserer Arbeit kamen in Übersee Südafrika und Namibia 1965 sowie Australien 1988, Neuseeland 1989 und Peru 1990 hinzu. Im europäischen Bereich erschlossen sich Frankreich 1948, Dänemark, Finnland, Nordirland, neuerdings auch Belgien Mitte der achtziger Jahre unserem Wirken. 1990 wurde der Wiederbeginn in Prag möglich. In Spanien und Italien, in Polen und Rußland, aber auf weitere Sicht auch in Japan wäre ein Arbeitsbeginn möglich, wenn die Menschen da wären, die als Priester eine solche Aufgabe übernehmen könnten.

Diese neue Ausweitung der Arbeitsmöglichkeiten war zuallererst in der Ausbildung am Priesterseminar in Stuttgart erlebbar; schon Ende der sechziger Jahre setzte hier ein Zuwachs ein, der in den siebziger Jahren anhielt und 1982 zum Neubau des (dritten) Seminarhauses und zur drastischen Erweiterung der Lehr- und Wohnräume führte. Das erste Gebäude, 1933 errichtet, wurde im Krieg zerstört; das zweite Seminarhaus, 1953 erbaut, war für 15 bis 20 Studenten errichtet worden; jetzt aber war die Zahl der Studenten auf 70 bis 90 angewachsen. In der Regel sind heute 15 bis 18 Nationen aus aller Welt dort vertreten.

Wir stehen also heute vor einer Entwicklung voller Zukunftshoffnungen und vor wachsenden Anforderungen. Auch sonst deutet vieles darauf hin, daß die Christengemeinschaft langsam, aber stetig ins Große wachsen wird, auch wenn gegenwärtig noch überall die Kleinheit des Anfangs mehr oder weniger deutlich spürbar ist. Auch die innere Sicherheit der Arbeit nimmt zu. Lange Zeit war doch ein Suchen nach den richtigen Formen und Zielrichtungen vorherrschend. Heute sind genügend Erfahrungen vorhanden, die auf den meisten Feldern der Arbeit Sicherheit verleihen, in anderen Bereichen die Perspektiven sichtbar machen, nach denen weiter gestrebt werden muß.

59 *Neubau der Freien Hochschule der Christengemeinschaft*

60 Neubau der Freien Hochschule der Christengemeinschaft

111

61 *Lic. Dr. Friedrich Benesch*
(1907 Sächsisch Regen / Siebenbürgen),
Seminarleiter seit 1957

62 *Dr. Johannes Hemleben*
(1899 Hamburg – 1984 Hamburg),
Lenker der Christengemeinschaft

Die Wirksamkeit des Verlages in Stuttgart (»Verlag Urachhaus«) hat sich ebenfalls stark ausgeweitet, ein holländischer (»Christofoor« in Zeist) und ein englischer Verlag (»Floris Books« in Edinburgh) sind hinzugekommen; auch in Skandinavien und Finnland, in Frankreich und Südamerika sowie in der DDR wächst eine Literatur der Christengemeinschaft heran.

Die Ausbreitung der Christengemeinschaft und der Priesterschaft hatte auch eine Ergänzung des Leitungsgremiums zur Folge. Am Anfang bildeten drei Oberlenker und vier Lenker, wie wir genannt haben, die Führung. Schon vor dem Krieg wurden weitere Lenker in die Leitung berufen.[80] Heute sind zusammen mit den genannten drei Oberlenkern 16 Lenker tätig (Taco Bay hat nach dem Tode von Rudolf Frieling Anfang 1986 das Erzoberlenkeramt angetreten); von diesen 19 Amtsträgern sind acht Nichtdeutsche – und zwar die Lenker in Skandinavien, Holland, Großbritannien, Nordamerika, Australien und Neuseeland, Südafrika und Südamerika, und Taco Bay selbst als Schweizer.[81] Als die Zahl der Lenker über die ursprüngliche Siebenheit hinaus erweitert wurde, blieben im Sinne der Begründung dem »Siebenerkreis« zentrale Aufgaben und Verantwortungen auferlegt; die heutigen Mitglieder des Siebenerkreises wurden im Vorangehenden bereits namentlich aufgeführt (s. S. 77), in ihm befinden sich zwei Nichtdeutsche: neben Taco Bay auch Maarten Udo de Haes aus Holland.

Zielsetzung

Am Schluß dieses Buches blicken wir auf die Zielsetzung, die mit der Arbeit der Christengemeinschaft verbunden ist. Diese Zielsetzung besteht – ganz allgemein ausgedrückt – darin, das Wirken Christi der Menschheit gegenwärtig zu machen, wie es sich in unserem Jahrhundert und für eine weitere Zukunft durch die Ereignisse seiner Wiederkunft gestalten will; wirksam wird diese Zielsetzung in der Gründung und Bildung christlicher *Gemeinden*. Dafür gibt es vor allem drei Mittel: die Sakramente – die Verkündigung – die Seelsorge. Davon soll nun die Rede sein.

1. Die Sakramente

Priester und Gemeinde

Zur Ausübung der Sakramente bedarf es heute wieder des vollgültigen Priestertums. Mit der Begründung der Christengemeinschaft ist von Christus selbst eine neue »Sukzession«, eine neue Weihefolge für die Erneuerung des religiösen Lebens eröffnet worden (s. S. 82). Der Priesterschaft sind in den Sakramenten die geistigen Kräfte und Substanzen übergeben, die das Christuswirken heute heilend und helfend in das menschliche Leben einfließen lassen können.[82]

Der Umgang mit diesen Kräften bedarf einer sorgfältigen Pflege: er muß gelernt sein, ihm muß »Schulung« zugrundeliegen (über die »Ausbildung« zum Priester werden wir noch sprechen). Er bedarf aber auch einer tiefen Verantwortlichkeit der göttlichen Welt gegenüber: die lebenslange Verpflichtung zum Dienst im Priesteramt ist Ausdruck dieser Verantwortlichkeit; denn nur der »Ein-satz« des ganzen Lebens kann in einem Menschen die Kräfte hervorrufen, die hier gefordert sind. Dieser Einsatz muß im Gebet, in der Meditation, im täglichen Zelebrieren der Menschen-Weihehandlung (am Altar oder in der Meditation) immer wieder erneuert werden – so daß die richtigen Kräfte im Priesterwirken lebendig bleiben.

Auf die volle Bereitschaft zu solchem Lebenseinsatz ist dann die Priesterweihe die Antwort der geistigen Welt: sie begabt den Menschen mit der Vollmacht, beim Vollzug der Sakramente im Namen und in der Kraft Christi zu handeln. Diese Weihe wirkt jedoch nicht »automatisch«; sie muß in ständiger Übung – wie gesagt durch Gebet, Meditation, Zelebrieren – wirksam erhalten werden; dadurch steht jeder Priester in einem größeren Kräftestrom darinnen, aus dem heraus die sakramentale Kraft, die Kraft der Christengemeinschaft erfließt; diese Kraft zeigt sich als weit umfassender, wirksamer, zukunfttragender als alles, was der Priester mit seinen persönlichen Kräften leisten und hervorbringen könnte; denn er handelt nun nicht als einzelner, sondern als Glied der Gemeinschaft, der Priesterschaft, die als Ganze Organ und Träger der Kraft des Christus ist (s. S. 77 f.).[83]

Mit dem christlichen Priestertum muß der Wille verbunden sein, die übertragene Weihevollmacht nicht als persönlichen Anspruch, zur Steigerung der eigenen Persönlichkeit zu mißbrauchen. Der Priester soll sein: »Diener und Pfleger« – Diener des Wortes Christi, aber auch Diener an den Menschen; so heißt es im Lukas-Evangelium: » … der Vornehmste (unter euch soll sein) wie ein Diener … Ich bin unter euch wie ein Diener« (22, 26 f.) In diesem Sinne ist Priestertum Dienst; die Weihevollmacht soll allein in den Dienst der größeren, göttlichen Sache gestellt werden.

Zu diesem Dienen-wollen kommt dann das Bewußtsein hinzu, daß der Vollzug der Sakramente immer auch eine Gemeinschafts- und Gemeindeangelegenheit ist. Denn nur im Gemeinde-Wirken können sich die Kräfte Christi recht entfalten: sie suchen ja die ganze Menschheit, sind nie nur auf den einzelnen gerichtet. So ist die erste und vorzügliche Zielsetzung des Priesterwirkens die *Gemeindegründung und Gemeindebildung*, d. h. das Finden der Menschen, die sich mittragend, mitwirkend, mitvollziehend in das sakramentale Handeln hineinstellen wollen.

Ich habe es als ein Wunder des Anfangs bezeichnet, daß sich an vielen Orten, in denen die Christengemeinschaft zu arbeiten begann, neben den Priestern bald auch andere Menschen zu Trägern der Sache machten, ohne welche die Christengemeinschaft nicht voll ins Leben hätte treten können. Das Charakteristikum des christlichen Wirkens ist geradezu, daß es Gemeinschaftswirken ist, daß es Menschen zusammenführt und aus der Gemeinsamkeit höhere Kräfte entbindet.[84]

Nicht umsonst trägt die neue religiöse Strömung den Namen »Christen-*Gemeinschaft*«. Dieser Name ist Aufgabe und Programm zugleich. Gewiß, wir müssen im Blick auf die Gemeindewirklichkeiten heute zugeben, daß wir mit dieser Aufgabe recht am Anfang stehen und von manchen Menschen oft das herzliche, warme Gemeinschaftsgefühl vermißt wird. Gemeinschaft nicht nur auf Stimmungselemente, nicht nur auf persönliche Gefühle, sondern auf gemeinsame Verantwortung aufzubauen, ist heute nicht einfach.[85] Andererseits aber ist gerade im gemeinsamen Erleben und Vollbringen der Sakramente eine *Gemeinsamkeit* des Tuns möglich und heute schon wirklich, die auf dieser Ebene eine Zukunftsform des gemeinsamen Lebens der Menschen darstellt.

Auch der Name des neuen Gottesdienstes weist auf Gemeinsamkeit, auf das Zusammenkommen der Menschen hin: »*Menschen*-Weihe-Handlung«, wobei »Menschen –« hier als Mehrzahl zu verstehen ist: die Menschen, die sich zur Weihe-Handlung zusammenfinden. Und das ist auch dann der Fall, wenn der Priester mit den Ministranten äußerlich am Altar allein ist (oder gar die Weihehandlung ganz »für sich« meditativ vollzieht): auch dann ist »Gemeinde« da – mit den Verstorbenen und den Ungeborenen, welche immer von der »anderen Seite her« die Sakramente begleiten.

Hier lernen wir verstehen, daß die »Gemeinde« zunächst auf zwei Wirklichkeits-Ebenen anzuschauen ist: die eine Wirklichkeits-Ebene zeigt sich in den irdischen Menschen mit ihren Vorzügen und Schwächen; aber eine zweite Wirklichkeitsebene umfaßt die Verstorbenen, die Ungeborenen, die schon oder noch in der Anschauung der göttlichen Welt leben: Sie gehören ebenso oder vielleicht noch intensiver als die irdisch Anwesenden zu der Gemeinde hinzu; die Verstorbenen werden nicht umsonst dreimal in der Weihehandlung ausdrücklich genannt; einmal wird dabei sogar ihre »schützende Macht« angerufen.[86]

Aber noch eine dritte Wirklichkeits-Ebene kommt hinzu. Im Neuen Testament – in der Offenbarung des Johannes – werden die Gemeinden in Kleinasien mit Engelwesen in Verbindung gebracht, die den Gemeinden gegenüber eine Führungsaufgabe haben. Auch heute sind die christlichen Gemeinden mit besonderen, fortgeschrittenen Engeln verbunden, die im Dienste des Christus stehen[87] und im Schicksal der irdischen Menschengemeinschaften mitwirken.[88] So ist die Gemeinde in Wahrheit eine vielschichtige Wirklichkeit; sie umfaßt Geistiges und Irdisches; sie führt Geistiges ins

Irdische über, sie verwandelt Irdisches ins Geistige. Wandlungsgeschehen, eine Wechselbeziehung zwischen Himmel und Erde, durchwirkt unsichtbar eine christliche Gemeinde; die zugehörigen irdischen Menschen nehmen daran Anteil. Aber weit über den irdischen Rahmen der Gemeinde hinaus strahlt dieses Wandlungsgeschehen aus: in weite Bereiche der Städte, in denen zelebriert wird, und in die darin sich ereignenden Menschenschicksale; aber auch in die umgebende Natur.

Von hier aus kann Licht fallen auf die Bedeutung der Zugehörigkeit zur Christengemeinschaft. Wer Mitglied wird, bezeugt den Willen, sich nicht nur teilnehmend, sondern mittragend, mitwirkend, mitvollziehend in das Gemeindeleben hineinzustellen. Der Schritt zum Mitglied-Werden ist kein äußerer, formaler Akt. Gerade weil eine Gemeinde und auch die gesamte Christengemeinschaft die geschilderten drei Wirklichkeitsebenen umfaßt, ist ein Beitritt zur Christengemeinschaft nicht wie die Zugehörigkeit zu einem weltlichen Verein aufzufassen. Er bedeutet im ernsten Sinne ein Bekenntnis zu dem, dem man in den Sakramenten begegnet: zu Christus; er bedeutet ein Mit-dienen- und Mit-handeln-Wollen, das auch eine gewisse Verbindlichkeit einschließt. So werden der Aufnahme in eine Gemeinde in der Regel Gespräche mit einem Priester vorausgehen, welche die entsprechenden Motive behandeln und die Schicksalssituation, in der der Aufzunehmende steht, zur Sprache bringen.

Andererseits wird von einer solchen Art der Mitgliedschaft eine besondere Kraft ausgehen können: Wer sich bewußt zur christlichen Gemeinde bekennt und sein Leben – so weit es im einzelnen Fall möglich ist – mittragend zur Verfügung stellt, ist dadurch nicht nur Empfänger des Wandlungsgeschehens im Sakrament, sondern er strahlt nun selbst durch sein Bekenntnis und Tun etwas aus, wodurch die geistige Kraft auf Erden sich verstärkt. Jeder, der in diesem Sinne am Vollzug der Sakramente teilnimmt, trägt dazu bei, daß die Wirksamkeit des Sakraments zunimmt, geistig stärker wird. Paulus formuliert, daß der Mensch dann nicht »nur Hörer des Wortes (ist), sondern Täter«, d.h. Mitwirkender in der Kraft des Wortes Christi wird.

Das ist es, was hinter der Aufgabe der Gemeindegründung und Gemeindebildung steht: die Menschen zu finden und zusammenzuführen, die eine solche Art des gemeinsamen Wirkens – mit den Priestern, mit den anderen Gemeindegliedern zusammen – in Freiheit wollen und lieben lernen, um

dadurch die Kraft, mit welcher der Christus in der Menschheit wirkt, zu verstärken. Es wird auch deutlich, daß erst die ganze Verbindlichkeit der Mitgliedschaft – eben das Bekenntnis im Leben – die Kräfte in Bewegung setzt, die hier notwendig sind. Gemeinden, in denen zu viele Menschen mit ihren Schicksalen auf die Dauer nur unverbindlich teilnehmen, haben keine starke Kraft.

Damit soll nicht gesagt sein, daß nicht auch Menschen eine Zeitlang ganz frei in einer Gemeinde mitleben können – je länger dies jedoch geschieht, um so mehr entsteht hier gewiß eine Frage.[89]

Paulus hat die Gemeinde im Bild des *Leibes* zu fassen gesucht; das Haupt dieses Leibes ist der Christus. Das Wort »Mit-glied« deutet auf dieses Bild: der Mensch, der sich der Gemeinde Christi anschließt, wird »Glied« dieses Leibes. Mit jedem Menschen, der hinzukommt, »wächst« gleichsam der unsichtbare, aber um so wirklichere »Leib«, den der Christus bilden will, immer stärker in die irdische Welt hinein. Und umgekehrt: wer den »Anschluß« an diesen »Leib« sucht, nimmt wirklich teil an den Kräften, die auf übersinnliche Weise von dem Christus ausgehen und verwandelnd in Menschheit und Erde einwirken wollen.[90] In dem Geheimnis des Altarsakraments, in dem wir »Leib und Blut« des Christus empfangen dürfen, wird diese Tatsache immer wieder neu reales Geschehen.

Das Priesterwirken ist also die eine Seite im Leben der Gemeinde; damit dies aber volle und zugleich immer weiter wachsende Erdenwirklichkeit wird, bedarf es der anderen Menschen, bedarf es der »Christen-Gemeinschaft« – so erst entsteht eine Leiblichkeit, die wirklich Himmel und Erde umfaßt.

Gebet und Meditation

Die Mitgliedschaft in der Christengemeinschaft verwirklicht sich einerseits im Mitleben in der Gemeinde, im Mitvollzug der Sakramente; dieses *gemeinschaftliche* Tun wird aber auf die Dauer nur richtig wirken, wenn es von dem *individuellen* religiösen Tun des einzelnen ergänzt wird: im persönlichen Gebet, in der Arbeit mit dem Credo, im Leben mit dem Evangelium. Beide Bereiche – das gemeinschaftliche und das individuelle Tun – ergänzen und steigern sich gegenseitig: das Erleben der Weihehandlung wird mein persönliches religiöses Streben immer wieder anregen und mit Kraft erfüllen können; es wird mich ermuntern, selbst täglich die Hinwendung zur göttlichen Welt zu suchen. Wenn ich das Evangelium, das Credo, das Vaterunser sonntags am Altar höre, werde ich aus solchem Hören heraus selbst mit anderer Kraft beten können.[91]

So erschöpft sich das Mitgliedsein nicht im Mitwirken bei den Zusammenkünften der Gemeinde; es wird in der täglichen Übung des einzelnen zu einem Strom, der durch die ganze Woche fließt und am Sonntag in die größere Gemeinsamkeit des Sakraments und der Kommunion einmündet.[92] In diesem Augenblick werden die Bemühungen, die der einzelne – so gut er konnte – die Woche über zu leisten vermochte, in ein höheres Ganzes und in das Wandlungs-Geschehen aufgenommen, von dem wir oben gesprochen haben. Das Erleben des Kultus kräftigt also die persönliche religiöse Übung und regt sie an; aber auch umgekehrt: die Frucht dieser Bemühung des einzelnen kommt wiederum dem Ganzen zugute, steigert und bereichert das sakramentale Geschehen in der Gemeinde und verleiht ihm die notwendige Kraft. Wir haben dieses Motiv schon berührt: daß jedes einzelne Mitglied etwas zu dem sakramentalen Geschehen »bei-tragen« kann und es dadurch zu stärkerer Ausstrahlung bringt.[93]

Besonders wird dies der Fall sein, wenn zum Gebet die Meditation tritt,[94] die geeignet ist, in dauernder Übung die geistigen Kräfte des einzelnen in besonderer Weise hervorzurufen und zu entwickeln.[95] Nicht jeder Mensch hat in seinem persönlichen Schicksal gleich die Möglichkeit, zum Gebet die Meditation hinzuzufügen; wer aber dazu in der Lage ist, wird auch diese Kraft dem Kultus zur Verfügung stellen können, und auch umgekehrt vom Kultus her eine Hilfe für sein meditatives Bemühen erfahren.[96]

Hier sei noch eine Bemerkung über die besondere Art angefügt, die das Gebet für ein Mitglied der Christengemeinschaft annehmen kann. Beten kann man in Wahrheit ja nie nur für sich selbst – das selbstbezogene Gebet wäre religiöser Egoismus; im Beten schließe ich immer andere Menschen mit ein. Wer mit einer Gemeinde mitlebt, wird dabei nicht nur an sich und die ihm persönlich verbundenen Menschen denken: er wird auch für die Gemeinde und ihre Pfarrer mitbeten; und das ist heute und in Zukunft mehr denn je notwendig, denn alles geistige Wirken ist heute angefochten und umkämpft und bedarf der Hilfe vieler; jedes Gebet ist dabei eine positive, helfende Macht. Manches wäre wohl in unserer Zeit anders, wenn mehr ernst gebetet würde.

119 Ähnliches gilt für die Beschäftigung mit dem »Credo«, die den Gemeindegliedern ans Herz gelegt ist;[97] der Wortlaut des Credo wird jedesmal in der

Weihehandlung gehört; wenn er zur persönlichen Übung herangezogen wird, kann auch hier die innere Beziehung zur Gemeinde, ja zur ganzen Christengemeinschaft und zu ihren Aufgaben in der Welt gesucht und hergestellt werden. Immer wird es sich dabei darum handeln, den Egoismus zu vermeiden, der sich nur allzu leicht in das religiöse Erleben einschleicht; man wird versuchen, das eigene Bemühen für das Ganze zu öffnen und bewußt zur Verfügung zu stellen.

Diese Grundhaltung wird schließlich auch im Mitfeiern der Sakramente entscheidend sein: nicht nur für mich etwas haben wollen, wird mein Anliegen sein; gewiß, ich darf auch an die eigene Stärkung denken; zugleich werde ich aber mehr und mehr anstreben, selbst mein Bestes an Gedanken, Gefühlen und Willenskräften in das Kultusgeschehen hineinzugeben und damit etwas zum Wirken der Sakramente beizutragen, wovon wir nun schon mehrfach gesprochen haben.[98] Selbst das Erleben der *Kommunion* wird diesen Charakter annehmen können – wir werden darauf noch zurückkommen.

Die neue Kirche

Das Selbstverständnis der Christengemeinschaft ist mit dem Wort »Die neue Kirche« umrissen.[99] Die Christengemeinschaft sieht sich in der Entwicklung des Christentums an der Stelle, wo ein drittes großes christliches Zeitalter aufgeht – nach den Zeiten des Katholizismus und des Protestantismus; Emil Bock hat von der »neuen Reformation« gesprochen, die in der Christengemeinschaft da ist.[100]

Daß hier eine Erneuerung des religiösen Lebens aus der »Wiederkunft Christi«, nicht nur aus den vor 2000 Jahren wirksamen Kräften geschieht, haben wir schon dargestellt. Hier soll nun hinzugefügt werden: die Christengemeinschaft kann auch die besten Kräfte der christlichen Vergangenheit erneuern, weiterführen und in einer höheren Gestalt verbinden – die *sakramentale Kraft* als das Beste des Katholizismus und *die persönliche, freie Verantwortung* jedes einzelnen Christen, »das Priestertum aller Gläubigen«, als das beste Erbe der Reformation.

Die sieben Sakramente, die im Protestantismus schon seit Jahrhunderten verlorengegangen sind (bis auf Taufe und Abendmahl)[101] und nun auch im Katholizismus ihre wirksame Gestalt aufgegeben haben,[102] sind in der Christengemeinschaft in ihrer Siebenheit und in erneuerter Gestalt wieder da.

Luther hatte sie verworfen, weil er keine Einsicht in ihre Herkunft, Bedeutung und Wirksamkeit mehr hatte und weil ohne die Mitwirkung eines Bischofs die Priesterweihe in seiner Kirche keine Sukzession haben konnte. Dafür aber hat er die persönliche Verantwortung des Christen vor Gott als religiöses Prinzip der Freiheit in die christliche Kirche eingeführt: »Hier stehe ich; ich kann nicht anders; Gott helfe mir!« – wenn auch dieses Wort von ihm vor dem Reichstag zu Worms, wo er sich der höchsten damaligen Autorität gegenüber zu rechtfertigen hatte, vielleicht so gar nicht gesprochen worden ist – es kennzeichnet doch den ganzen Geist der Reformation.

In der Christengemeinschaft kann dieser Geist der Reformation in der Bekenntnisfreiheit der Mitglieder und sogar in der Lehrfreiheit ihrer Pfarrer nicht nur weiterleben, sondern weiterentwickelt wirken;[103] hier kann er sich mit der Wirksamkeit der Sakramente verbinden. Was sich in der Geschichte des Christentums wie »These« und »Antithese« darstellt: Katholizismus und Reformation – hat in der »neuen Reformation« seine »Synthese« (Hegel) gefunden; in der »neuen, dritten Kirche« ist eine höhere Verbindung der Gegensätze entstanden.

Mit dem Ausdruck »dritte Kirche« ist noch ein weiteres geistesgeschichtliches Motiv verbunden: Schelling hat im Anschluß an Joachim von Fiore[104] von einem *petrinischen*, einem *paulinischen* und einem *johanneischen* Zeitalter des Christentums gesprochen. Der Katholizismus führt seine eigene Autorität auf Petrus zurück und bildet eine erste christliche Epoche; man kann sie die »petrinische« nennen.[105] Luther hat die eigentliche Anregung für sein Werk aus den Paulusbriefen gezogen und damit eine zweite Epoche – die »paulinische« – eingeleitet. Ob die Christengemeinschaft eine besondere Beziehung zu Johannes fühlen darf und damit ein »johanneisches« Christentum beginnt, wird sich erweisen müssen;[106] aber eine starke Zuwendung zum Johannes-Evangelium und zur Apokalypse des Johannes lebt von Anfang an in ihr, besonders auch hervorgerufen durch die Erfahrungen, die Friedrich Rittelmeyer an Johannes und seinen Schriften gemacht hatte.[107]

Selbstverständlich bleiben in der Christengemeinschaft auch Petrus und Paulus in ihrer überragenden Bedeutung für das Christentum erhalten, ihr Beitrag – z.B. in den Briefen des Paulus – darf nicht verlorengehen; ja er wird vielleicht erst im Lichte des Johannes zu seinem vollen Recht kommen. Indem Johannes geistig zu den beiden anderen Pfeilern des Christentums hinzutritt und eine Apostel-Dreiheit, eine Trinität entsteht, erhält das Christentum erst seine volle Weite und Tiefe. Das *Johannes-Evangelium* ist das

63 Neue Kirche in Berlin

64 Weiheraum in der Freien Hochschule der Christengemeinschaft

123

65 *Innenraum der Michaels-Kirche in Hamburg-Blankenese*

124

66 Raphaels-Kirche in Kiel

125

68 Johannes-Kirche in Bochum

127

69 Neue Kirche in Tübingen

128

70 Kirche in Überlingen

129

71 *Kirche in Freiburg*

72 *Auferstehungs-Kirche in São Paulo / Brasilien*

131

73 Lazarus-Kirche in Johannesburg / Südafrika

74 Kirche in Devon / USA

133

tiefste Evangelium – ist es doch von dem verfaßt, der durch Christus selbst vom Tode erweckt ward und »an der Brust« – d. h. am Herzen – »des Herrn lag« und so seine Nähe am unmittelbarsten erfuhr. Durch ihn rückt das Christentum in eine unmittelbarere Nähe zu Christus: So darf es in der Menschenweihehandlung heißen: »Christus *in* euch«, ein echt johanneisches Wort (vgl. Joh. 14, 12).[108]

Die *Offenbarung des Johannes* zeigt darüber hinaus, wie der Mensch, der dem Christus dienen will, in den Untergängen der Welt die aufgehende Welt mitschaffen kann: auch diese Kraft muß in einem »johanneischen« Christentum spürbar werden.

Gegenüber den beiden großen Kirchen hat die Christengemeinschaft für die christliche Zukunft also eine doppelte Aufgabe: zum einen das beste Erbe der Kirchen, das verlorenzugehen droht, zu retten und zu erneuern, und zum anderen die höhere Synthese der in den Kirchen entstandenen Gegensätzlichkeit in johanneischem Sinne herzustellen. Von diesem zweiten haben wir soeben gesprochen. Zum ersten ist noch zu sagen, daß auch die katholische Kirche heute die christlichen Sakramente verliert. Gewiß, formal sind sie noch vorhanden; aber nicht die schlechtesten Katholiken sind es, die empfinden und aussprechen: dem Geiste nach haben wir die Sakramente nicht mehr. Nach den Beschlüssen des zweiten Vatikanischen Konzils Mitte der sechziger Jahre sind alle Sakramente so verändert worden, daß sie ihrer Gestalt und Substanz nach ihre ursprüngliche Kraft verloren haben. Und dieser Prozeß wird unaufhaltsam weitergehen, weil im *ganzen* auch in der katholischen Kirche das wirkliche Verständnis für den Geist der Sache vollständig verschwindet.[109] Nicht nur die protestantische, sondern auch die katholische Kirche entbehrt heute der Sakramente.

Ähnlich tragisch ist es, daß die freie Verantwortlichkeit, die mit Luther im Christentum auftrat und die sich nur an das »Wort Gottes« gebunden fühlte, im heutigen Protestantismus zu einer Leerformel geworden ist. Denn das »Wort Gottes« existiert nicht mehr; es ist von der evangelischen Theologie zerfasert, »entmythologisiert«, vollständig aufgelöst worden. Die sogenannte »Bibelkritik« hat die Bibel praktisch vernichtet; kein Wort des Evangeliums, dessen Echtheit nicht bezweifelt, dessen Wahrheit durch die Säure der Kritik nicht zerfressen wurde. Dem heutigen evangelischen Theologen fällt die Bibel buchstäblich aus der Hand; und die katholische Theologie hat schon die Wege beschritten, die sie zu dem gleichen Ergebnis führen werden.[110]

Mit Hilfe der Anthroposophie sind aber heute auch ganz andere Wege und Einsichten möglich – Einsichten, die zur Rettung und Wiederbelebung des Evangeliums und der ganzen Bibel führen. Die Christengemeinschaft hat inzwischen konsequent eine Bibelwissenschaft entwickelt, die der Bibel gerecht zu werden vermag, ohne den Anspruch des heutigen Bewußtseins zu verleugnen, das *verstehen* und nicht nur *glauben* will. Ein wirkliches Bibel-verständnis ist heute möglich; es ist in einer vielfältigen Literatur nieder-gelegt.[111]

Die Erneuerung des religiösen Lebens in unserem Jahrhundert war des-halb – das ist wohl noch einmal deutlich geworden – eine geistige Notwen-digkeit. Gleichwohl versteht sich die Christengemeinschaft nicht etwa als die »allein seligmachende« Kirche. Nicht daß wir einem beliebigen Pluralis-mus der Meinungen oder einer billigen Toleranz das Wort reden wollen; aber Toleranz können wir üben aus der Einsicht heraus, daß auch andere religiöse Gemeinschaften *ihre* Aufgabe in der Welt haben und daß jeder Mensch die Freiheit haben muß, den Weg zu gehen, den *er* für richtig hält und den *er* wählt. Natürlich gibt es da auch Irrwege; aber auch ein Irrweg *kann* für einen Menschen schicksalsmäßig richtig sein und ein notwendiger Umweg zur Wahrheit. Der einzige gültige Maßstab ist hier der aufrichtige Wille, das Rechte zu *suchen* und zu tun und nach der Wahrheit zu *streben*. Dann wird das Schicksal weiterführen.

Das gilt übrigens auch für unser Verhältnis zu den Weltreligionen außer-halb des Christentums. Ich denke, ein sogenannter Christ, der dies nur dem Namen nach ist und sonst ein charakterloser Mensch, wiegt vor Gott weni-ger als ein Buddhist, ein Moslem oder auch ein Atheist, der auf seine Weise wirklich Mensch zu werden sucht und auf dem ihm schicksalsmäßig gege-benen Weg ernst vorwärts strebt. Nur wer innerlich *auf dem Wege* ist, kommt der Wahrheit näher, auf welchem Standpunkt er sich auch zunächst aus seinem Schicksal heraus befindet.[112]

Andererseits ist es eine Tatsache, daß für unzählige Menschen heute die Begegnung mit der Christengemeinschaft eine entscheidende Hilfe bedeu-tet. Wir erkennen darin die Aufgabe, der *wir* zu dienen haben und für die wir das einsetzen wollen, was uns auf *unserem* Wege möglich ist. Diese Tatsache weist auf die Sendung der Christengemeinschaft in einer Zeit, in der das christlich-religiöse Leben eben doch immer mehr zu versiegen droht, wie wir oben besprochen haben.[113]

135

Wir wenden uns nun den Sakramenten kurz im einzelnen zu. Von der Menschen-Weihehandlung und der Priesterweihe war schon mehrfach die Rede; hier wäre nur noch ein besonderes Wort über die Kommunion hinzuzufügen. Vom Beichtsakrament wird im Zusammenhang mit der Seelsorge zu sprechen sein. So sei auf Taufe, Konfirmation, Trauung und Letzte Ölung geblickt.

Können schon Kinder auf ihre Art an dem Wandlungsgeschehen teilnehmen, das die christliche Gemeinde durchströmt und von dem wir oben gesprochen haben? Die Antwort auf diese Frage ist zunächst die *Taufe*.[114] In ihr berührt sich das Erdenschicksal eines werdenden Menschen real mit der Substanz der christlichen Gemeinde und wird von ihr aufgenommen.[115] Bis in die zarte Leiblichkeit des Kindes geht diese Berührung: nicht nur symbolisch ist es, daß wir mit Wasser, Salz und Asche Stirn, Kinn und Brust des Täuflings bezeichnen – die geweihten Substanzen tragen an den werdenden Menschenleib, der schon den Tod in sich hat, die Auferstehungskraft des Christus heran und beziehen ihn anfänglich in seine Wandlungsmacht mit ein. So hat ein getauftes Kind etwas anderes in sich als ein ungetauftes: es sieht geistig anders aus.[116]

Die Taufe ist ein Anfang; er muß fortgeführt werden – im religiösen Leben der Familie, vom Eintritt in die Schule an auch im Erleben der »Sonntagshandlung für die Kinder« und im Religionsunterricht.

Mit 14 Jahren wird dann *die Konfirmation* vollzogen. Sie schließt an die Taufe an, rundet die achtjährige Teilnahme des Kindes an der Sonntagshandlung ab und stellt den Jugendlichen mit der ersten Kommunion voll in das Erleben der Menschen-Weihehandlung hinein.[117] Sind mit der Taufe die Wandlungs- und Auferstehungskräfte Christi im Menschen grundlegend angeregt, so gilt es nun, sie langsam bewußt zu ergreifen, sie verstehen zu lernen und mit dem eigenen Willen zu verbinden; geschieht dies in richtiger Weise, so wird der Weg eines Tages zur vollen Mitgliedschaft führen, die durch Taufe und Konfirmation zwar geistig und sozial veranlagt ist, doch aber erst mit dem freien Willen des Erwachsenen realisiert und bewußt mit dem eigenen Schicksal verbunden werden kann.[118]

In manchen Gemeinden ist Jugend- und Studentenarbeit eine wichtige Hilfe auf dem Weg, ebenso Jugendferienlager und Tagungen, teils auch spezielle Jugendtagungen. Ziel all dieser Arbeit ist es nicht, die Jugendlichen zu

»vereinnahmen«, sondern ihnen auf ihrem eigenen Weg zu helfen und ihnen die Gemeinschaftsformen zu bieten, die für dieses Lebensalter angemessen sind.

Hier sei nun noch einmal auf die *Kommunion* geblickt, die in jeder Menschen-Weihehandlung als Höhepunkt des sakramentalen Geschehens vollzogen wird.[119] Sie ist zugleich auch das Höchste, was eine religiöse Gemeinschaft aus ihrer Substanz heraus geben kann. In ihr strömt das »Blut Christi«, die lebenstragende Kraft des Christus; und in ihr haben wir Anteil am »Leibe Christi«, d. h. an der formenden und Substanz verleihenden Macht, die von Christus ausgeht und uns an sein Auferstehungswirken anschließt. Man darf sich dieses Geschehen wirklich so vorstellen, daß wir in eine feinere Leiblichkeit einbezogen werden, die gleichzeitig von einem geistigen Kraftstrom erfüllt und durchströmt ist; dadurch gewinnen wir schon als Erdenmenschen Anteil an der höheren Wirklichkeit, die ganz und gar Christus-durchdrungen, ja die Christus selbst ist.

Paulus hat diese Anteilnahme des Menschen an Christus in seinen Briefen vielfältig dargestellt. Er spricht z. B. davon, daß wir den Christus »anziehen« können (Röm. 13,14); im Deutschen hat dieses Wort eine doppelte Bedeutung, die griechische Vokabel meint eindeutig »anziehen« im Sinne von »sich mit etwas bekleiden«: Paulus sieht also unsere Beziehung zu Christus so, daß wir uns dadurch mit Christus »bekleiden«, daß wir durch ihn schon als Erdenmenschen eine neue, zukunftstragende »Hülle« bekommen.

Ein anderes Motiv bei Paulus ist: wir nehmen durch unsere Christusverbundenheit in unserem sterblichen Leib Anteil an der »neuen Schöpfung«, die mit Christus anhebt und nicht mehr der Vergänglichkeit unterworfen ist (2. Kor. 5,17). Christus als der »neue Adam« verleiht uns Menschen bis in unsere Leiblichkeit hinein das Neu-Werden der Schöpfung, und dieses Motiv finden wir dann in der Offenbarung des Johannes am Schluß wieder in den Christusworten: »Siehe, ich mache alles neu« (Apok. 21,5).

Sich an dieses Neu-Werden alles Seins, an diese Wandlungsmacht des Christus nicht nur in Gedanken oder Empfindungen, sondern bis in die eigene Leiblichkeit hinein wirklich und wirksam anzuschließen – obwohl unser Leib und unsere Existenz gleichzeitig weiter toddurchdrungen bleibt –, ist das tiefe Geheimnis und die Gnade der Kommunion. Im Irdischen empfangen wir den Keim der Erlösung und Auferstehung. Hier findet alles sakramentale Geschehen seinen Mittel- und Höhepunkt. Wer dies versteht, wird gern zweierlei dabei bedenken:

Erstens wird er sich der Kommunion nicht unvorbereitet hingeben; er wird empfinden, daß hier auch etwas von dem zu leisten ist, der die Gnade dieses Augenblicks empfangen will. Natürlich darf hier in keiner Hinsicht an ein Leistungs / Gegenleistungs-Verhältnis gedacht werden; eher können wir uns daran erinnern, daß wir uns auch sonst großen Ereignissen unseres Lebens gegenüber in würdiger Weise »ein-stimmen«, um ihnen innerlich gerecht zu werden; um wieviel mehr wird dies hier der Fall sein.[120]

Ein zweites wird aber noch hinzutreten: Wenn es wirklich so ist, daß wir durch die Kommunion an einem feineren Leib, einer geistigen Blutsströmung Anteil gewinnen, dann sind wir dadurch – wie alle anderen Kommunikanten auch – »Glieder«, »Mit-glieder« eines gemeinsamen Leibes. Diese Tatsache begründet von *innen* her die Mitgliedschaft in der »Christen-Gemeinschaft«; oder anders gesprochen: wer an der Kommunion (über längere Zeit) teilhat, *ist* Mitglied und wird dies eines Tages auch in dem Sinne realisieren wollen, wie wir es oben (S. 117) bereits besprochen haben – auch im Blick auf die notwendige Freiheit, die heute solchen Entscheidungen zugrundeliegen muß. Wichtig ist eben, daß man die Tragweite der Kommunion in ihrer vollen Wirklichkeit bemerkt und bedenkt.

Und ein Drittes sei noch hinzugefügt: Wer die Kommunion empfängt, wird dies nie nur für sich tun – er fügt damit nicht nur sich, sondern auch der Welt eine heilende Kraft ein. Denn schon seine Leiblichkeit ist doch ein Stück »Welt«, geborgter Erdenstoff; er wird einst der Welt zurückgegeben werden müssen. Und wenn in unseren Erdenleib Leib und Blut Christi aufgenommen werden, um zu unserem Leib und Blut zu werden, so verwandeln sich dadurch unser Leib und unser Blut, ein wenig vielleicht nur und keimhaft, doch wir gewinnen – um noch einmal mit dem zitierten Pauluswort zu sprechen – Anteil an der neuen Schöpfung; durch uns aber gewinnt ihn das Stück Erde, das wir in unserem Leibe an uns tragen und ihr einst – mit dem Impuls der Verwandlung durchdrungen – zurückgeben werden.

Die Sakramente begleiten den individuellen Lebensweg des einzelnen Menschen: Taufe, Konfirmation und Letzte Ölung sind an bestimmte Lebensstationen geknüpft; Beichte und Menschen-Weihehandlung wenden sich ebenfalls schicksalsbegleitend an den einzelnen, wenn auch bei der Weihehandlung – wie wir gesehen haben – das Gemeinschaftsmotiv schon als soziales Element entscheidend mitwirkt. Trauung und Priesterweihe aber haben es von vornherein nicht nur mit dem einzelnen, sondern mit der Gemeinschaft zu tun: mit der Ehe- bzw. der Priester-*Gemeinschaft*, in welche diese Sakramente einführen; sie sind die *sozialen* Sakramente.

Was bedeutet *die Trauung* als Sakrament? Die Ehe umfaßt das Höchste und Tiefste unseres Menschseins: *das Höchste* in der lebenslangen, schicksalhaften Bindung an- und füreinander; schon in der ersten Begegnung, in der ersten Liebe kann dieses Höchste aufleuchten; es kann erlebbar werden, daß unser Schicksal eine höhere Bestimmung in sich trägt und wir als Menschen nicht nur »von dieser Welt«, sondern »von weit her« füreinander bestimmt sind; aber dieses Erleben will dann weitergeführt und durch Schwierigkeiten hindurch getragen und bewahrt werden – eine höchste Herausforderung zweier Menschen.

Das Tiefste der Ehe liegt darin, daß sie in die Tiefen der Leiblichkeit hinabreicht, daß sie sich im leiblichen Zusammenleben zweier Menschen verwirklicht – mit allen einzigartigen Erfahrungen der menschlichen Leiblichkeit, Erfahrungen von Hingabe, Wärme, Nähe, Geborgenheit, aber auch mit den Abgründen von Leidenschaftlichkeit und Aggressionen. Diese Abgründe und Untiefen jedoch weisen wiederum nur auf die Tiefen hin, die mit unserem Menschsein verbunden sind; gewiß – wir können uns in solchen Untiefen verlieren, uns an sie fesseln lassen – vieles Tragische ist dann damit verbunden; wir können aber auch durch sie hindurchgehen und gerade dadurch zur eigenen Tiefe kommen, den Grund unseres Lebens finden.

Wenn man fragt: kann denn die Ehe ein Sakrament sein? – dann sieht man doch wohl vor allem auf diese abgründige Seite der leiblichen Erfahrungen und übersieht, daß sie ein notwendiger Schattenwurf des irdischen Leibes ist, wenn auch ein eindrucksvoller, faszinierender. Oetinger rührt an das Geheimnis des Leibes, wenn er sagt: »Die Leiblichkeit ist das Ende der Wege Gottes« – Ende im Sinne von Vollendung und Ziel , nämlich so, daß das Geistige in der irdischen Verwirklichung erst seine volle Realität, seine konkrete Macht erhält und vorher immer in Gefahr ist, nicht ganz »auf den Boden« zu kommen.

Man hat dem Christentum zu Unrecht eine grundsätzliche Leibfeindlichkeit vorgeworfen. Zwar hat sich in der christlichen Vergangenheit manches einseitig entwickelt, was diesen Vorwurf begründet erscheinen läßt,[121] und doch ist die Grundtatsache des Christentums eine Tatsache des Leibes: die Menschwerdung des Christus; Gott nimmt einen Menschen*leib* an, erlebt in ihm alle Tiefen des leiblichen Daseins – das heißt doch: er bejaht die Leiblichkeit. Aber er verwandelt sie auch, er läßt sie nicht einfach wie sie ist, er führt sie hinüber in die »geistig-physische«[122] Auferstehungsleiblichkeit, die ganz geist-durchdrungener Leib und ganz leibhafter, konkreter Geist ist.

Das sind Anschauungen, die der heutigen materialistischen Weltsicht sehr fern liegen, daß mit dem menschlichen Leib noch etwas anderes verbunden ist als irdischer Stoff, von »Biochemie« durchzogen: das Herz eine Pumpe, das Gehirn ein Computer ... Schon die einzigartige Bildung und Gestalt unseres Leibes könnte uns den Gedanken nahelegen, daß damit mehr gemeint ist, als sich auf der Ebene der materiellen Erfahrung zeigt. So sagt Novalis, gleichsam das Oetinger-Wort ergänzend: »Wer hat des irdischen Leibes hohen Sinn erraten? Wer kann sagen, daß er das Blut versteht?«

An diese Geheimnisse des Leibes rührt die Ehe, so wie sie andererseits an die Geheimnisse des ewigen Menschen-Ich rührt, das die ewige Kraft des anderen Ich sucht – Tiefstes und Höchstes zugleich. Nur wenn wir das bedenken, verstehen wir, daß die Ehe ein Sakrament sein kann. So knüpft das Trau-Sakrament in der Christengemeinschaft ausdrücklich an die Auferstehung Christi an: das Oster-Rot erscheint bei der Trauung am Gewand des Priesters; und die ersten Worte der Trauung erinnern an die »Opfertat« Christi, der »Erdenwirken zu Geisteswirken« wandelte durch den Tod und die Auferstehung seines Leibes. Das heißt: wir haben es im Trau-Sakrament in besonderer Weise mit den Wandlungskräften zu tun, die von der Auferstehungsleiblichkeit Christi ausgehend in unser alltägliches Dasein aufgenommen werden wollen.[123]

Wir müssen versuchen, an dieser Stelle noch einen Schritt in ein tieferes Verständnis weiterzugehen. Mit dem leiblichen Zusammenleben von Mann und Frau ist nämlich noch eine weitere geheimnisvolle Tatsache verbunden. Aus den beiden verschiedenen männlichen und weiblichen Lebenskräften – in der Anthroposophie ätherische Kräfte genannt – wird durch das tägliche Zusammenleben, vor allem aber durch die körperliche Vereinigung eine feine (ätherische) gemeinsame Leiblichkeit gebildet, eine »Lebensgemeinsamkeit«, wie es im Trausakrament mehrfach heißt. Deshalb wird in der Bibel von Mann und Frau gesagt: »Sie werden sein *ein* Leib« (1. Mose 2, 24); damit ist nicht etwa die materielle Leiblichkeit gemeint, die selbstverständlich in zwei Körper getrennt bleibt; vielmehr ist auf die feinere Gemeinsamkeit der Lebenskräfte hingedeutet, die jede Ehe von innen her mit Substanz erfüllt. Diese feinere »Lebensgemeinsamkeit« ist gleichwohl nicht flüchtig, sondern bildet einen Zusammenhalt von lebendigen und lebenspendenden Kräften, eben einen höheren »Leib«; er stellt in der Ehe ein höheres Drittes dar – höher deshalb, weil in ihm die Gegensätze von Mann und Frau eine Vereinigung und Durchdringung erfahren haben, so daß wir nun nicht mehr von männlichen oder weiblichen Kräften sprechen können, sondern von menschlichen.[124]

Es entsteht also in jeder Ehe wie zwischen und über den Ehepartnern geheimnisvoll das Urbild des *Menschen*, in dem die Einseitigkeiten von Mann und Frau überwunden sind;[125] vielleicht ist dies manchmal mehr wie ein Keim, manchmal in guten Ehen schon mehr oder weniger als Wirklichkeit erlebbar, immer aber ist es eine Hoffnung: dieses besondere Lebenselement, das über die Möglichkeiten des einzelnen hinausgeht und Lebensraum schafft, in dem dann auch andere – die Kinder z. B. – mitleben können. Gewiß kann dieses höhere Lebenselement durch Disharmonie und Streit gestört und sogar zerstört, es kann aber auch entwickelt werden – dann reift es langsam zur vollen Kraft, zum Geborgenheit schenkenden und tragenden Grund heran, den eine Ehe bieten kann.

Es gibt ein Symbol für diese höhere Gemeinsamkeit der Ehe: den Ring. Er bildet die Einheit, das einheitliche Ganze ab, in dem alle Einseitigkeit überwunden ist. Er wird im Trausakrament in besonderer Weise hervorgehoben; ihn tragen die Eheleute ihr Leben lang als Zeichen der tiefsten Verbundenheit.[126] Zu diesem Symbol treten im Sakrament zwei weitere: das Kreuz und das Bild des Auferstandenen. Alle drei Symbole weisen auf die höhere Wirklichkeit hin, mit der wir es bei der Spendung des Sakraments zu tun haben; denn wenn wir gerade gesagt haben: zwischen Mann und Frau tritt verbindend und vermittelnd ein höheres Drittes, das Urbild des Menschen, dann haben wir ja auch von Christus gesprochen, der selbst dieses Urbild durch sein Erdenleben und seine Auferstehung voll verwirklicht hat. »Wenn zwei oder drei versammelt sind in meinem Namen, dann bin ich unter ihnen« – dieses Christuswort (Matth. 18,20) gilt selbstverständlich auch und gerade für die Ehe. Und das Sakrament ist die Bekräftigung und Bestätigung dieser Wirklichkeit, die dadurch von den Eheleuten bewußt gewollt, ersehnt und vor allem auch weiter gepflegt und vertieft werden kann. Ja man kann sagen: die höhere Wirklichkeit der Ehe wird in den Worten, Bildern und Handlungen des Sakraments einen Augenblick irdisch anschaubar, sie senkt sich aus dem Unsichtbaren ins Sichtbare herab, wird dadurch realer und greifbarer und kann so das Schicksal wirksam begleiten, wenn das Sakrament immer wieder erinnernd lebendig gemacht wird.[127]

Wir haben hier die Trauung etwas ausführlicher behandelt, weil sie für das heutige Verständnis am meisten Probleme bringt. Kürzer können wir uns nun dem Sterbesakrament, der *Letzten Ölung*, zuwenden.[128]

Ihr Sinn liegt auf der Hand: die Stärkung des Sterbenden für den Schritt über die Schwelle. Wieder wird der Leib mit geweihter Substanz, mit Öl, berührt – aber nun nicht wie bei der Taufe, um den »Tod im Leben« mit Auferstehung zu durchdringen, sondern um das »Leben im Tode« zu bekräftigen und den Todesaugenblick selbst dem Christus zu weihen.

Gerade dem Tod und der Todüberwindung sind in der Christengemeinschaft eine Reihe von sakramentalen und rituellen Handlungen gewidmet, die zeigen, wie wichtig in der Zeit wachsender Todeskräfte das richtige Sterben ist.[129] Die Christengemeinschaft gibt die Möglichkeiten, das Sterben von Menschen so zu begleiten, daß es nicht verdrängt werden muß, sondern die Weihe erfahren kann, die der Nähe der göttlichen Welt im Tode angemessen ist. Der Tod eines Menschen kann der letzte Höhepunkt des Lebens sein.[130]

In der Letzten Ölung liegen drei Sakramente in aller Kürze zusammengedrängt. Als erstes wird noch einmal – wenn möglich – das Beichtsakrament, als zweites die Kommunion dem Sterbenden gespendet. Als drittes wird dann die eigentliche Letzte Ölung selbst vollzogen, indem Johannes 17 verlesen wird, das »Hohepriesterliche Gebet«, das Christus selbst vor seinem Tode gesprochen hat; dann werden auf die Stirn mit geweihtem Öl drei Kreuze gezeichnet und es erklingen die Worte, die geeignet sind, den Sterbenden über die Schwelle zu geleiten.

Ist der Tod eingetreten, kann in vielen Gemeinden der Leichnam in einer besonderen Kapelle aufgebahrt werden, wenn eine Aufbahrung im Sterbehaus nicht gestattet ist. In der Regel wird dann nach drei Tagen die Bestattung (Erdbestattung oder Kremation) folgen. Sie hat zwei Teile: der erste wird nach Möglichkeit am Ort der Aufbahrung, der zweite am Grab oder im Krematorium gehalten. Mit den Worten des Rituals wird der Seele des Verstorbenen der Weg in die göttliche Welt gewiesen. Die Bestattung wendet sich also an den Verstorbenen selbst und baut ihm die Brücke in den nach-todlichen Bereich – sie ist kein Trostgottesdienst für die Hinterbliebenen, aber sie spendet auch Trost für sie, weil hier die Gewißheit der höheren Existenz und weiterwirkenden Gegenwart des Verstorbenen erlebbar wird.

Am Samstag, der auf die Bestattung folgt – eventuell auch an einem späteren Samstag –, schließt sich als letztes Sakrament eine Menschen-Weihehandlung mit einem besonderen Gedenken an den Verstorbenen an; sie läßt etwas von dem fühlbar werden, was wir bei der Besprechung der Gemeinde angedeutet haben: im christlichen Kultus gibt es keine Grenze zu den Verstorbenen.

Eine eigene Bestattungsfeier gibt es für Kinder (bis zum 14. Lebensjahr).

2. Verkündigung

In mehreren Schritten haben wir bisher die Zielsetzung angeschaut, die mit den erneuerten Sakramenten verbunden ist und zur Bildung von christlichen Gemeinden führen soll. Neben dem Vollzug der Sakramente dient ein weiterer wichtiger Bereich der priesterlichen Tätigkeit der Gemeindegründung: Lehre und Verkündigung.

Verständnis für das Christentum

In diesem Bereich ist die wesentliche Aufgabe, das Christentum nicht nur dadurch fortzupflanzen, daß die Sakramente vollzogen werden, sondern auch über das Verständnis der beteiligten Menschen. Die Christengemeinschaft ist von Anfang an dafür eingetreten, ein sachgemäßes Verstehen auch für die tieferen christlichen Wahrheiten (Auferstehung, göttliche Dreieinigkeit, Menschwerdung Gottes usw.) zu erwecken. Wenn immer wieder behauptet wird, daß sich diese Wahrheiten nur dem Glauben, nicht aber dem Denken erschließen lassen, so liegt hier ein Irrtum vor – das vielfältige Schrifttum der Christengemeinschaft bezeugt dies. Allerdings werden im Denken die sachgemäßen Wege gesucht werden müssen, die zum Verständnis hinführen; auch äußerlich ist ein großer Berg nicht mit einem Schritt zu erklimmen, so auch nicht die großen Wahrheiten des Christentums; aber erreichbar sind sie.

Andererseits macht das Verständnis dieser Wahrheiten den Glauben nicht überflüssig, wenn wir unter Glauben die Fähigkeit meinen, etwas nicht nur mit dem Kopf, sondern auch mit dem Herzen zu verstehen.[131] Echtes Verständnis muß immer auch zum Herzen sprechen, muß das Herz erschließen; was ich verstehe, muß ich dann auch glauben können – so wie ich, was ich im Kultus mit dem Herzen fühle, verstehen möchte. In echter Religion müssen heute Kopf und Herz zusammengehen. Erst dann kann der *ganze* Mensch sich in das religiöse Leben einbezogen fühlen.

In dieser Hinsicht erwachsen für die Verkündigung entscheidende Aufgaben.

Ein wichtiger Teil der Gemeindearbeit richtet sich darauf, die Bibel, besonders aber die Evangelien, wieder zu erschließen – das heißt aber nicht nur: sie verständlich zu machen, sondern ihren lebendigen Bezug zu unserem heutigen Erleben aufzuweisen. Diese Aufgabe wird in Vorträgen, Predigten, Gemeindeabenden, im Religionsunterricht und in speziellen Arbeitskreisen wahrgenommen.

Jedoch nicht nur die Bibel, der ganze Umfang der christlichen Wahrheiten, Fragen des Gebets und der Sakramente, Fragen der religiösen Lebensführung, aber auch des Welt- und Menschenverständnisses u.v.m., wird Inhalt der christlichen Lehre und Verkündigung sein. Diese Lehre und Verkündigung wird sich nicht auf das spezielle religiöse Feld beschränken dürfen, sondern ein Weltbild mit einbeziehen müssen, das Mensch und Kosmos in einem vernünftigen Zusammenhang mit dem göttlichen Wirken sehen kann; die Spuren der Gottheit überall zu finden: in Stein, Pflanze und Tier, in den Himmelserscheinungen, in Mensch und Menschenschicksal, ist ein wesentliches Anliegen im Lehrwirken der Christengemeinschaft; denn nur dann wird heute ein gesundes religiöses Empfinden entstehen, das nicht abgehoben ist von unseren alltäglichen Erfahrungen und uns nur – oder doch einseitig – auf »jenseitige« Bereiche verweist.

Hier treten wir durchaus in Gegensatz zu manchen älteren religiösen Auffassungen, die aber teilweise auch heute mit Entschiedenheit vertreten werden: daß Gott und Welt streng zu trennen sei.[132] Gott ist da der »ganz Andere« (Karl Barth), der in keiner Weise mit irgendeiner weltlichen Erfahrung zu erreichen sei und uns nur durch die Offenbarung Jesu Christi verständlich und erlebbar werde.

Selbstverständlich hat auch eine solche theologische Auffassung ihre Berechtigung: Gott kann nicht einfach mit Natur und Welt gleichgesetzt wer-

144

den; er geht nicht in ihnen auf, sondern überragt beide. Wenn aber diese Wahrheit einseitig vertreten wird, verlieren wir das göttliche Wirken in der Welt und die Welt geht ihres göttlichen Ursprungs verlustig. Deshalb kommt gerade heute viel für ein gesundes religiöses Erleben darauf an, daß das Verhältnis von Gott und Welt in der richtigen Weise anschaubar wird.

Auch hier kann im Kultus eine wichtige Hilfe erfahren werden. Denn da erscheint Göttlich-Geistiges auf irdische, sinnenfällige Art; die Farben, Formen, Gesten und Worte des Kultus können durchlässig werden für das göttliche Wirken, und zwar für ein allerhöchstes Wirken der Gottheit. Wer so erleben lernt, wird auch anders in die Natur schauen können, die auf *ihre* Art viele Geheimnisse der Schöpfung und des Menschen zu offenbaren vermag. Dann werden wir Natur und Welt nicht mit Gott verwechseln, in ihren Erscheinungen aber einen vielfältigen Spiegel des göttlichen Lebens erkennen, so daß das Göttliche, das sonst nur unanschaulich-geistig im Menschen lebt oder »jenseitig« vorgestellt wird, im Spiegel der Sinneswelt anschaulich und verständlich zu werden vermag.

Ausbildung

Die Ausbildung zum Pfarrer in der Christengemeinschaft muß deshalb heute noch ganz andere Elemente enthalten als die theologischen und praktischen Studien, die bisher für das katholische und evangelische Pfarramt vorbereiteten. Sie muß ein Weltbild vermitteln, das Irdisches und Geistiges einheitlich umfaßt; sie muß zeigen, daß Geistiges in seiner Wirksamkeit in Stein, Pflanze, Tier, Mensch und Kosmos anschaubar werden kann – nicht als Glaubensinhalt, sondern als konkrete, der Sinneswelt abgelauschte Erfahrung. Dies ist heute möglich durch die Anthroposophie und durch die aus ihr entwickelte Naturanschauung (Goetheanismus).[133] So gehören Kurse über die »Metamorphose der Pflanze«, »Geologie und Mineralogie«, »Farben- und Lichtlehre«, »Kosmologie und astronomische Weltbilder« zu den zentralen Lehrinhalten der Ausbildung hinzu. Damit wird eine wesentliche Grundsäule der materialistischen Weltanschauung: daß Mensch und Welt letztlich doch nur materiell zu verstehen seien, umgestoßen. Außerdem kann durch eine richtige Anschauung der Erde (Geologie) gezeigt werden, daß diese Erde nicht das unbedeutende Staubkorn im Weltall ist, ein Nichts in der Unendlichkeit des Kosmos, sondern daß wir in der Erde einen sinnvoll gestalteten Weltkörper haben, der selbst einen kleinen Kosmos darstellt, einen lebendigen Organismus, der die Prägung gottgewollten Daseins an sich trägt. Mit dieser Einsicht wird eine zweite Säule des Materialismus, der nichts von der besonderen Bedeutung und Stellung der Erde im Weltall weiß, angegriffen.

Ein weiteres wichtiges Ziel der Ausbildung ist, erfahrbar zu machen, daß in jedem Menschen Geistiges lebt und bewußt ergriffen werden kann. Dazu führen einerseits die entsprechenden Übungen des Gebets, des kultischen Lebens, der Konzentration und Meditation. Andererseits gehören philosophische Kurse und Übungen hierher, die das Denken in seiner Tätigkeit bewußt machen und zu einer unmittelbaren Erfahrung der geistigen Kräfte im menschlichen Bewußtsein führen. Grundlage dafür sind die erkenntnistheoretischen Arbeiten Rudolf Steiners, aber auch ausgewählte Kapitel aus der Philosophie seit Plato. Wenn dies zum Erlebnis werden kann, fällt eine dritte Säule der materialistischen Weltanschauung: daß unser Denken nur Abbilder der sinnlichen Wirklichkeit erscheinen läßt und keine schöpferische geistige Kraft darstellt.

Noch auf einer vierten Säule ruht der Materialismus, der sich heute in die Lebensempfindungen der Menschheit eingefressen hat: auf der Anschauung, daß der Mensch vom Tier abstammt. Auch diese Anschauung muß durch ein richtiges Tier- und Menschenbild überwunden werden, bevor heute an eine gesunde priesterliche Existenz gedacht werden kann. Denn solange noch Reste materialistischer Weltauffassung in der Seele vorhanden sind, wird eine ehrliche Verkündigung vom Schaffen und Wirken Gottes in der Welt und im Menschen und von den Wandlungsgeschehnissen in den Sakramenten nicht möglich sein.

Selbstverständlich sind auch die klassischen Fächer der Theologie in unserer Ausbildung vertreten: Bibelkunde und -interpretation, Kirchengeschichte, Dogmatik (d.h. das Verständnis der Grundwahrheiten des Christentums und ihrer Entwicklung), Ethik (christliche Lebensführung), Predigtarbeit bis hin zu ersten Predigten, Vorbereitung auf den Religionsunterricht und die praktische Gemeindearbeit (ergänzt durch Praktika in Gemeinden oder sozialen Arbeitsfeldern wie Krankenhäusern, Altersheimen, heilpädagogischen Einrichtungen u.a.m.), Vorbereitung auf die Seelsorge, auf die in der Arbeit wichtigen finanziellen Handhabungen usw. Zum Verständnis des Neuen Testaments sind außerdem Kenntnisse des Griechischen erforderlich; Hebräisch-Kenntnisse für das Alte Testament werden heute nur in Einzelfällen verlangt. In alle genannten Gebiete wirken die erhellenden und vertiefenden Wahrheiten der Anthroposophie so herein, daß überall neue Erkenntnisausblicke entstehen und dadurch Erneuerung der »Religionserkenntnis« möglich wird.

Ein weiteres wichtiges Element der Ausbildung sind alle künstlerischen Übungen. Geht es doch bei der Priester-Bildung nicht nur um Wissensvermittlung, um ein bestimmtes Lernpensum: Wer Priester werden will, muß sein inneres Leben in Zusammenhang mit der göttlichen Welt bringen können; d.h. er muß nicht nur etwas anderes wissen und gelernt haben als in anderen Ausbildungen vermittelt wird, sondern er muß auch etwas anderes geworden sein; dazu gehört die Umbildung der gewöhnlichen Seelenkräfte, wobei die Übungen in verschiedenen Künsten wesentliche Hilfe sind.

Besondere Aufmerksamkeit ist hier auf die Umbildung der Sprachkräfte zu richten – soll doch das Wort in Kultus, Predigt, Seelsorge Träger der göttlichen Kräfte werden können. Umbildung ist in zweierlei Richtungen gemeint: erstens Überwindung der zu persönlichen Spracheigenschaften zugunsten eines Sprechens, das offen sein kann, objektiv das sakramentale Geschehen ermöglichend, durchlässig für geistige Vorgänge. Zweitens aber muß auch im freien Sprechen – also nicht nur im Zelebrieren der Sakramente, sondern in Predigt, Vortrag usw. – die Fähigkeit geschult werden, religiöse Inhalte richtig zum Ausdruck zu bringen: nicht als abstrakt-moralisierende Forderungen oder mit sentimental-pastoraler Gefühligkeit, sondern als objektiv wirkende Kraft. Dazu bedarf es sehr vieler vorbereitender Übungen und fortdauernder Schulung.

Wesentliche Inhalte der derzeitigen Ausbildung sind damit in Kürze beschrieben. Zu sagen ist noch, daß es heute zwei Ausbildungsstätten gibt: die »Freie Hochschule der Christengemeinschaft« (Priesterbildungsstätte) in Stuttgart, mit einem besonderen Lehrgang in Hannover, und das Priesterseminar in Leipzig. Die Ausbildung gliedert sich im Regelfall in 6 Semester (drei Jahre) Grundausbildung, 1–½ Jahr Praktikum, ½ Jahr Vorbereitung auf die Priesterweihe. Abweichungen von diesem Ausbildungsgang sind je nach den persönlichen Voraussetzungen des Studierenden möglich. »Orientierungskurse für den Priesterberuf« gibt es heute überall, wo die Christengemeinschaft arbeitet, »Proseminare« außerhalb der Bundesrepublik z.Zt. in Holland, England und Südafrika.

3. Seelsorge

Ein dritter großer Bereich der priesterlichen Tätigkeit neben der Verwaltung der Sakramente und der Lehre bzw. Verkündigung ist alles, was man im weitesten Sinne als »Seelsorge« bezeichnen kann; hier steht der Pfarrer nicht der Gemeinde im ganzen gegenüber wie in den beiden anderen Tätigkeitsbereichen, hier kommt es zum Kontakt mit den einzelnen Gemeindegliedern und einer oft sehr intensiven Berührung mit Schicksalsfragen und -nöten. Aber auch wenn keine besondere Schicksalsfrage Gespräche und Beratungen zwischen Pfarrer und Gemeindeglied notwendig macht, wird es Anliegen des Pfarrers sein, die Wege des einzelnen zu begleiten und zu fragen, wie das, was in der Gemeinde im allgemeinen geschieht, für das Bemühen des einzelnen fruchtbar und hilfreich wird.

Besondere Schicksalssituationen

Jedes Menschenleben ist von besonderen Knotenpunkten – freudigen und leidvollen Ereignissen – geprägt, die meist auch für die Seelsorge Aufgaben mit sich bringen. Eine bevorstehende Eheschließung etwa fordert vom Priester nicht nur den Vollzug der Trauung, sondern auch eine Vorbereitung auf dieses Sakrament und auf die Ehe selbst. Oft ist dann auch im weiteren Verlauf der Ehe eine intensive Begleitung hilfreich und möglich.

Dann wird vor und nach der Geburt besonders des ersten Kindes manches im Hinblick auf die Taufe und die religiösen Momente der Kindererziehung zu bedenken sein. Weitere Gespräche werden später in Begleitung des Religionsunterrichts, zur Vorbereitung auf die Konfirmation und zur Beratung in Jugend- und Berufsfindungsfragen mit den Eltern und dann auch mit den heranwachsenden Jugendlichen notwendig.

Eine wichtige Aufgabe sind Gespräche zur Vorbereitung auf die Mitgliedschaft, die ja kein formaler Akt sein will. Im allgemeinen wird dieses wichtige Schicksalsereignis sorgfältig zu bedenken und vorzubereiten sein. Gleichzeitig begründen auch die damit verbundenen Gespräche oft eine jahre- oder jahrzehntelange seelsorgerliche Beziehung, die immer weitere Schritte der religiösen Entwicklung des einzelnen erschließen kann.

Schicksalsschläge können dramatische und erschütternde Akzente in der Seelsorge setzen. Auch Berufsfragen sind oft Ausgangspunkt für entsprechende Beratungen.

Besonders herausgefordert ist der Seelsorger bei schwerer Krankheit; der Gang ans Krankenlager, ins Krankenhaus gehört zu den regelmäßigen Aufgaben des Gemeindepfarrers, und die Begleitung von Menschen in schweren, leidvollen Erfahrungen verlangt meist alle religiöse Kraft.

Noch gesteigert ist diese Aufgabe am Sterbebett von Menschen, die man vielleicht lange gekannt hat oder auch nun erst – im letzten Moment gleichsam – kennenlernt. Aber gerade in solchen Augenblicken erweist sich auch die Bedeutung des erneuerten religiösen Lebens als wirkliche Hilfe: Nicht von uns, sondern von Außenstehenden wird oft die Bemerkung gemacht, daß solche Menschen, die im Kultus länger mitgelebt haben, anders sterben können: gefaßter vielleicht, getrösteter. Das Sterben *kann* dann sogar ein hohes Fest sein – das letzte dieses, das erste eines jenseitigen Lebens.

In allen seelsorgerlichen Bemühungen wird eine Überzeugung für den Priester grundlegend und Kraft gebend sein: daß jedes Menschen-Ich seinen Ursprung in der Ewigkeit, in Gott hat, und daß alles irdische Schicksal ein Durchgang ist, ein Weg, auf dem jeder Mensch Erfahrungen machen kann, machen *will*, die er so in der geistigen Welt niemals machen könnte. Dazu gehören auch die Prüfungen und vielleicht tragischen Schwierigkeiten, welche die tiefsten Kräfte im Menschen aufrufen und ihn letztlich doch stärker werden lassen. Dieses Grundmotiv der Seelsorge sei hier nur angedeutet, doch abschließend noch hinzugefügt: In dem Sinne, wie wir hier über » Seelsorge« sprechen, wäre dafür ein anderes Wort vielleicht angemessener; denn wenn in den entsprechenden Gesprächen auch viel Trost der *Seele* des Betroffenen zu spenden ist: der Blick fällt doch vor allem immer auf das Menschen-Ich, das um seinen Anschluß an das Ewige, das Göttliche ringt und von daher die entscheidende Zuversicht für die Bewältigung des Schicksals und die Kraft, es zu tragen, erlangt; so wird alle Seelsorge unter dieser Voraussetzung vor allem auch »Ich-Sorge« sein.

Das Beichtsakrament

Für die Seelsorge steht ein Sakrament zur Verfügung, das von der kirchlichen Vergangenheit her schwer belastet ist und sich erst langsam in unseren Gemeinden einlebt, das aber eine heilsame Wirkung auf das ganze Leben des Menschen ausüben kann: das Beichtsakrament.[134] Es wird in der Christengemeinschaft nicht in einer Gruppe, sondern für den einzelnen nach einem kürzeren oder längeren Gespräch gespendet. Dabei ist zweierlei wichtig: der Blick auf das eigene Leben in seinen vielerlei Erfahrungen freudiger, leidvoller und vielleicht schuldhafter Art; und das Ringen um die rechte Beziehung zu Christus in all diesen Schicksalserfahrungen. Beides mündet ein in den Empfang der Kommunion bei der nächsten Weihehandlung – möglichst am folgenden Tag.

Damit wird die Beichte vor allem Vorbereitung auf die Kommunion, die ab und zu – wie oft, kann von dem einzelnen ganz frei bestimmt werden – auf diese Weise intensiver als sonst eingeleitet wird. Denn in der Kommunion empfangen nicht nur *wir* Leib und Blut Christi: *Er* nimmt uns gleichzeitig mit unserem Schicksal in sich auf und verbindet sich gerade auch mit dem in uns, was noch unvollkommen, fehlerhaft, ja vielleicht ungeläutert und böse ist, um es in und mit uns zu verwandeln. Auf diese Wandlungskraft, die von Christus in unser Schicksal kommen will, hinzuschauen, sie in uns bewußt zu machen und sie dadurch tiefer wirksam werden zu lassen, ist der Sinn dieses Sakraments.

Es handelt sich also nicht um ein Moralisieren, um ein Be- oder gar Verurteilen der menschlichen Fehler und Schwächen; wir können an Johannes 8 – die Erzählung von der Ehebrecherin – denken: Christus verurteilt die schuldig gewordene Frau nicht; er schaut auf das ewige Ich, das im Schicksal dieses Menschen ringt und das er mit göttlicher Kraft liebt; die Frau fühlt diese Liebe und kann sie als Trost und Wandlungsmacht in ihrem Schicksal und in ihrer Schuld erfahren.

Das Beichtgeschehen und die Kommunion können uns für diese Liebe des Christus, die auch uns ganz persönlich als diesem einen, unverwechselbaren Menschen gilt, immer tiefer erschließen; denn von ihr gehen letzten Endes aller Trost und alle Ermutigung für uns Menschen aus. In dem kurzen sakramentalen Geschehen, das sich an das Gespräch mit dem Priester anschließt, strömt uns diese Christusliebe real zu; in der folgenden Kommunion können wir sie substantiell erfahren und »schmecken«: irdisch wie Nahrung erlebbar, aber unseren inneren Menschen ergreifend und durchdringend.

Aus dem bisher Gesagten mag schon deutlich sein, daß sich das Beichtsakrament nicht etwa nur mit den Schicksalsschwierigkeiten und den menschlichen Fehlern befassen muß; ist doch auch das Schöne, das Freudige in unserem Leben etwas, das wir aus der Hand Gottes empfangen dürfen. So heißt Christus in der Konfirmation geradezu: »der Spender der Daseinsfreuden …«, und im Credo wird er »der Herr der Himmelskräfte auf

Erden« genannt. Auch in den positiven Erfahrungen unseres Lebens können wir uns mit Christus verbinden – dann wird es vor allem Dankbarkeit und Schicksalsvertrauen sein, die wir in uns aufrufen und durch das Sakrament stark machen. Gleichzeitig werden wir dabei bedenken, daß uns nicht nur Not und Sorge, sondern auch Glück und Zufriedenheit gefährlich werden können, weil wir gerade dann, wenn es uns gut geht, nur allzu leicht vergessen, daß wir in allem »dem Geiste verpflichtet« sind[135] und dann umso freudiger die geistige Welt in Treue suchen sollten – nicht nur in Not, sondern auch im Daseinsglück.

Das Sakrament der Beichte – ab und zu zu den Gesprächen mit dem Priester und zur persönlichen Vorbereitung auf die Kommunion hinzugefügt – kann so eine entscheidende Hilfe in der Seelsorge werden.

Wir haben damit die dreifache Aufgabe des Priesters beschrieben, die zur Gemeindebildung und Gemeindegründung gehört. Wir wollen nun als viertes noch jenen Bereich erwähnen, in dem zu den Pfarrern in den Gemeinden Menschen ehrenamtlich oder hauptberuflich hinzutreten: das Feld der sozialen Aufgaben, die mit der religiösen Arbeit entstehen.

4. Soziale Aufgaben

Mit dem Blick auf »soziale Aufgaben« tritt zunächst eine ganz allgemeine Zielsetzung unserer Arbeit vor uns hin: denn das religiöse Leben wird in Zukunft für alles soziale Empfinden der Menschen eine entscheidende Rolle spielen; das Wort »sozial« kommt von lateinisch »socius«, d.h. »Gefährte, Weggenosse, Bruder«. Wer nur an sich denkt – und welchen Grund sollte es im Sinne der materialistischen Weltauffassung geben, das nicht zu tun? –, der wird keine soziale Gesinnung entwickeln.

Das Christentum ist aber von Grund auf mit sozialer Gesinnung erfüllt: »Was ihr getan habt einem der Geringsten meiner Brüder, das habt ihr mir getan!« (Matth. 25,40) allein schon an diesem Christuswort, dem vieles andere aus dem Evangelium hinzugefügt werden könnte, wird diese christliche Grundgesinnung deutlich.

Sozialität ist aber – trotz vieler Bemühungen und Einrichtungen – nicht die Stärke unserer Zeit. Im Gegenteil: die zum Egoismus treibenden Kräfte wachsen und sind nicht einfach durch moralische Forderungen aus der Welt zu schaffen. Religiöse Übung wird gerade auch hier ansetzen und sich bewähren müssen, ohne sich darüber zu täuschen, daß die damit verbundenen Aufgaben nicht gerade leicht sind; die Christengemeinschaft steht hier durchaus am Beginn eines Weges, der aber doch Hoffnung hat, soziale Gestaltungskräfte für die Zukunft mitzubilden. Insofern ist das erneuerte religiöse Leben von großer Bedeutung; seine Zielsetzung ist durch und durch sozial: in einer Zeit der erkaltenden Sozialität die brüderliche Gesinnung im Menschen zu wecken und zu fördern.

Diese allgemeine Zielsetzung der religiösen Arbeit ist jedoch nicht alles: Innerhalb der Gemeinden ergeben sich konkrete Aufgaben, für die neben den Pfarrern andere Menschen arbeiten, Bereiche, die zur Mitarbeit und Mitverantwortung auffordern und so zu Übungsfeldern im gemeinschaftlichen Leben werden. Imgrunde sind nach dem, was wir geschildert haben, alle Gemeindeglieder zusammen mit den Pfarrern »Mitarbeiter« an dem gemeinsamen Ziel, wirklich »Christengemeinschaft« zu sein und immer mehr zu werden; beim Vollzug der Sakramente ist jedes Mitglied zu solcher Mitarbeit aufgerufen; und damit ist auch schon auf die höchste Form der Mitarbeit, die auch von *jedem* geleistet werden kann, hingewiesen. Darüber hinaus aber gibt es in jeder Gemeinde die Menschen, die der Gemeinde in besonderem Einsatz Zeit und Arbeitskraft zur Verfügung stellen und unentbehrlich für das Gedeihen des Ganzen sind.

Gemeindehilfe

Es würde hier zu weit führen, alle Bereiche im einzelnen aufzuführen, in denen von seiten der Mitglieder im Gemeindeleben wesentlich geholfen werden kann: angefangen beim Ministrantendienst am Altar und der Musik zum Kultus über Blumenschmuck und Türdienst bei den Veranstaltungen, Pflege und In-Stand-Haltung der Kirchen- und Gemeinderäume bis hin zu Gemeinde-Besuchen, Hilfe bei Versorgung von Alten und Kranken und Notleidenden u. v. m. In vielen Gemeinden gibt es für einen Teil dieser Aufgaben Gemeindehelfer, die den Pfarrern eine wichtige Stütze sind; ihnen obliegt es oft auch, den Pfarrern bei ihrer umfangreichen Besuchstätigkeit in der Gemeinde zu helfen; sie leisten vielfach eine wichtige Vermittlung zwischen den Gemeindegliedern und Priestern.

Je stärker und zahlreicher aber auch andere Gemeindeglieder zu den hauptamtlichen Gemeindehelfern hinzu an den Aufgaben des gemeinschaftlichen Lebens beteiligt sind, desto lebendiger wird sich dieser soziale

Bereich der Gemeinde entfalten. Dann wird es zur Bildung von Arbeitskreisen kommen, die die Betreuung einzelner Arbeitsfelder übernehmen: Ministrantenkreise, Musikerkreise, Helferkreise für das Haus, für Programmversand, für Kinderbetreuung während der Gottesdienste, für die Gemeindebibliothek, für Hilfe bei Notleidenden, Kreise zur Gestaltung der Jahresfeste in der Gemeinde u. v. m.

Im besonderen Sinne mittragend sind die Religionslehrer, die heute in nicht wenigen Gemeinden neben den Pfarrern den Religionsunterricht der Christengemeinschaft geben. Hier bildet sich langsam, wie auch bei der Arbeit der Gemeindehelfer, ein Berufszweig heraus, der in Zukunft wachsende Mitverantwortung in der Gemeindearbeit tragen wird und für den eine spezielle Ausbildung entstehen muß.[136]

Neben diesen speziellen Helferkreisen haben sich mancherorts auch beratende Gremien herausgebildet (»Gemeinderat«), die den Pfarrern in Fragen der Gestaltung der Gemeindearbeit zur Seite stehen.

Wir haben es im Blick auf die Begründung als ein »Wunder des Anfangs« bezeichnet, daß überall, wo Gemeinden begründet werden konnten, nicht nur die ersten Priester, sondern auch erste Mitglieder zu Mitträgern der Sache wurden — Menschen, die genauso stark wie die Priester die Liebe zur Christengemeinschaft im Herzen tragen und diese Liebe in Hilfsbereitschaft und Tatkraft umsetzen. Mit Dankbarkeit kann gesagt werden, daß sich auch im Fortgang der Arbeit immer neu Menschen an die Gemeinden anschließen, von denen das gleiche gilt: die aus innerstem Herzen Mitverantwortung übernehmen und so unentbehrliche Mitarbeiter am Werden der Christengemeinschaft sind.

Sozialwerke

Aus kleinen Anfängen haben sich neben der eigentlichen Gemeindebildung Zweige der Christengemeinschaft herausgestaltet, die auf speziellen Feldern soziale Arbeit leisten: die »Sozialwerke« der Christengemeinschaft, in der Bundesrepublik juristisch jeweils in den einzelnen Lenkergebieten verankert, zusammengefaßt im »Verband der Sozialwerke« mit der Geschäftsstelle in Stuttgart.[137] Der Verband ist Mitglied des »Deutschen Paritätischen Wohlfahrtsverbandes« (DPWV).

Diese Sozialwerke, denen in den einzelnen Gemeinden heute Sozialkreise zugeordnet sind, tragen menschlich, juristisch und wirtschaftlich / verwaltungstechnisch wesentliche Bereiche unserer sozialen Arbeit; zu nennen sind da vor allem die Alters- und Pflegeheime, die an vielen Orten begründet wurden;[138] weiterhin Kindergärten und Jugendheime sowie Freizeitstätten;[139] viele Gemeindehäuser konnten mit Hilfe der Sozialwerke gebaut werden; auch unsere Arbeit in der DDR wurde durch sie bisher vielfach unterstützt; ihnen obliegt auch die Organisation und Unterstützung von Kinder- und Jugendlagern, Familienfreizeiten wie überhaupt die Unterstützung der Kinder- und Jugendarbeit und die Hilfe in Notfällen. In manchen Gemeinden geht auch praktische Hilfe, Hilfe in Krankheitsfällen (durch Gemeindeschwestern, Pflegevereine) usw. vom Sozialwerk aus.

Wenn diese Arbeit auch schon aus den ersten Anfängen herausgewachsen ist, so sind doch gerade auf diesem Feld noch viele weitere Schritte zu tun, um die reichen geistigen Kräfte der religiösen Erneuerung immer stärker auch sozial wirksam werden zu lassen.

Verwaltung

In jeder Gemeinde ist ein gewisser Verwaltungsaufwand unvermeidbar: Da sind der Versand von Programmen und die zugehörige Adressenkartei, die auf dem laufenden gehalten sein will, das Führen der Gemeindebücher über Mitgliedsaufnahmen, über Taufen und Trauungen – die eventuell beurkundet werden – sowie über Bestattungen. Schon dies erfordert einige »Verwaltung«. Ein eigenes Büro wird von einer bestimmten Gemeinde-Größe an den notwendigen Schriftverkehr, Auskunfts- und Telefondienst übernehmen.

Hinzu kommt, was mit der Abwicklung der wirtschaftlichen Vorgänge und – sofern vorhanden – mit der Vermögensverwaltung in der Gemeinde zusammenhängt: Budgets müssen erstellt und begleitet werden, Mitgliedsbeiträge, Spenden und Kollekten werden registriert, abgerechnet und bescheinigt, Grundstücke, Kirchenbauten und Gemeindehäuser müssen verwaltet werden. Hier ist – vor allem in großen Gemeinden – der Sachverstand z. B. für Buchführung, Bilanzierung und Steuerrecht gefordert, damit die Verwaltung, den sachlichen und rechtlichen Erfordernissen entsprechend, durchgeführt wird. Die Wirtschaftskreise der Gemeinden tragen dafür die Verantwortung.

Was sich so in den einzelnen Gemeinden herausgebildet hat, ist später auch für überörtliche Gemeindezusammenschlüsse entstanden: zunächst in der Bundesrepublik, wo der Christengemeinschaft in fast allen Bundesländern die juristische Form einer »Körperschaft des öffentlichen Rechts« verliehen wurde. Diese Körperschaften haben dann einen »Körperschaftsverband« gebildet, der von einem »Verwaltungsrat« mit Sitz und Büro in Stuttgart betreut wird. Er ordnet eigenständig seine Belange in der Bundesrepublik Deutschland und West-Berlin, vor allem die Rechtsstellung der Pfarrer in der Christengemeinschaft, ihre Einkommensbildung und die Altersversorgung.

Darüber hinaus ist 1983 ein weltweiter Zusammenschluß aller Lenkerregionen erfolgt, der eine intensivere gegenseitige Hilfe und Kooperation erlaubt: die Foundation »The Christian Community International«, von einem »Executive Comity« verantwortet, Büro und Verwaltung ebenfalls in Stuttgart. Diese Einrichtung ermöglicht es, überregionale Aufgaben aus der Gemeinsamkeit heraus wahrzunehmen und aufgrund der von den Gemeinden für solche Aufgaben laufend zur Verfügung gestellten Gelder entsprechende finanzielle Hilfen zu gewähren:

— Unterstützung der in Gründung oder im Aufbau befindlichen Gemeinden,
— Hilfe bei Ausbildung von Pfarrern und Unterstützung der Ausbildungsstätten,
— Unterstützung beim Bau von Kirchen und Gemeindezentren, vor allem im Ausland,
— Überbrückungszahlungen an Pfarrer in Krankheits- oder Unglücksfällen,
— vorübergehende Unterstützung anderer förderungswürdiger Aktivitäten im Rahmen der Gesamtbewegung der Christengemeinschaft,
— Herstellung und Versand des Pfarrerrundbriefes, des internen Mitteilungsblattes der Priesterschaft, und die dazugehörige Wartung der Adressen,
— die Finanzierung der Kosten für die Verwaltung der Priesterschaft (Siebenerkreis und Oberlenkung).

Der für diese Aufgaben eingerichtete Verwaltungsapparat kann klein gehalten sein. Durch die Zusammenfassung und Koordinierung der entsprechenden Mittel ist eine hohe Wirksamkeit erreicht. Dadurch wird vieles möglich, was aus nur lokalen und regionalen Verhältnissen heraus nicht zu leisten wäre. In der gegenseitigen wirtschaftlichen Hilfe lebt ein wichtiges soziales Element.

Ihr Fundament findet die Arbeit der »Foundation« in den zweimal jährlich stattfindenden eintägigen regionalen Wirtschaftertreffen (in den Lenkergebieten) und in dem jährlichen »Kassler Treffen«, bei dem neben den deutschen Gemeinden auch andere europäische und überseeische Lenkerschaften durch Pfarrer und Delegierte der Wirtschaftskreise vertreten sind. Hier werden Entwicklungsperspektiven, Gründungsimpulse und allgemeine Anliegen konferenzartig besprochen, angeregt und dargestellt.

Wir sind hier am Ende des Buches bei scheinbar sehr prosaischen Aufgabenfeldern angekommen, die zugleich in der Entwicklung gegenüber den anderen Bereichen noch am wenigsten weit ausgebildet sind. Dennoch sind diese Aufgaben im Gesamten der Christengemeinschaft keineswegs unwesentlich: Es wurde schon betont, daß gerade das Gebiet der wirtschaftlichen und sozialen Fragen nicht von den religiösen Impulsen abgetrennt gesehen werden darf, sondern gerade auch auf sozialem Feld ihre Berechtigung und Wirksamkeit beweisen müssen. So sei das Buch mit der Hoffnung geschlossen, daß gerade diese soziale Zielsetzung immer mehr ihre über die heutigen bescheidenen Anfänge hinausführende Verwirklichung finden möge und sich damit das Wirken der Christengemeinschaft immer kräftiger in die Zukunft der Menschheit, für die sie gestiftet ist, hineinzustellen vermag.

Nachwort

Der Versuch, Entstehung, Entwicklung und Zielsetzung der Christengemeinschaft im siebten Jahrzehnt ihres Wirkens zu überschauen und
darzustellen, ist gewiß an vielen Stellen aphoristisch und andeutend geblieben. Eine Reihe von interessanten Einzelschilderungen wurde in die An-
merkungen aufgenommen, um den konzentrierten Gang der Darstellung
nicht zu belasten, dem interessierten Leser aber doch Einblick in wichtig
erscheinende Einzelheiten zu geben. Ich möchte noch einmal wiederholen,
was ich zu Beginn meiner Darstellung ausgesprochen habe: Mir kam es hier
auf den Überblick an – späteren Arbeiten muß es überlassen bleiben, gründ-
lichere Darstellungen zu liefern. Dieses Buch sollte einführenden Charakter
haben, ohne jedoch Wesentliches auszusparen oder zu übergehen.

Herrn Michael Heidenreich, der beim Zusammentragen und bei der Auswahl der dem Buch beigegebenen Bilder wesentlich geholfen und die Bild-
legenden beigetragen hat, möchte ich herzlich für diese Mithilfe danken.

Stuttgart, Johanni 1990   *Hans-Werner Schroeder*

Anmerkungen

1 Kurze Darstellungen der Begründung der Christengemeinschaft wurden bisher gegeben von Emil Bock, Zeitgenossen, Weggenossen, Wegbereiter, Stuttgart 1959; Gottfried Husemann, in: Erinnerungen an Rudolf Steiner. Gesammelte Beiträge aus den Mitteilungen aus der anthroposophischen Arbeit in Deutschland 1947–1978, hrsg. von Erika Beltle und Kurt Vierl, Stuttgart 1979; Friedrich Rittelmeyer, Aus meinem Leben, Neuauflage Stuttgart 1976; ders., Meine Lebensbegegnung mit Rudolf Steiner, Stuttgart [10]1983; Guenther Wachsmuth, Rudolf Steiners Erdenleben und Wirken. Von der Jahrhundertwende bis zum Tode. Die Geburt der Geisteswissenschaft. Eine Biographie, Dornach [2]1951; A.P. Shepherd, Ein Wissenschaftler des Unsichtbaren. Leben und Werk Rudolf Steiners, Nürnberg o.J.; Johannes Hemleben, Rudolf Steiner in Selbstzeugnissen und Bilddokumenten, Reinbek 1963; Heinz Herbert Schöffler (Hg.), Das Wirken Rudolf Steiners von 1917–1925, Dornach 1987. Ausführlichere Darstellungen finden sich bisher im Englischen: Alfred Heidenreich, Growing Point, Edinburgh [2]1979, und im Holländischen: Arie Boogert, De Christengemeenschap, Beweging tot religieuze vernieuwing – een monografie, Den Haag 1981.

2 Rudolf Steiner hat bei frühverstorbenen Kindern und Jugendlichen auf die Bedeutung der unausgelebten Kräfte hingewiesen, die sie über die Schwelle des Todes mitnehmen. Diese Lebenskräfte sind nicht verloren; sie wirken »von jenseits« vor allem in die Geistes- und Kulturentwicklung der Menschheit inspirierend, Richtung gebend, Sehnsucht weckend ein. Von daher bekommen die Millionen Toten des Ersten und des Zweiten Weltkriegs eine neue Dimension. Die Ernte des Todes *kann* — wenn Menschen da sind, die solche Kräfte aufnehmen — zum Saatgut künftigen Lebens werden; siehe Rudolf Steiner, Die geistigen Hintergründe des Ersten Weltkrieges (GA 174 b), Vorträge vom 14.2. und 22.11.1915, und Rudolf Meyer, Vom Schicksal der Toten, Stuttgart [7]1979.

3 Zur Tragik der Reformation gehört es, daß sie sich nicht der bischöflichen Autorität bedienen konnte, der in der alten Kirche allein die Rechtsprechung in kirchlichen Fragen und die Weihevollmacht für die Priesterweihe zustand. So bricht mit Luther die Weihefolge (Sukzession) ab; evangelische Geistliche haben keine »Weihe«; sie werden »ordiniert«. In der Rechtsprechung rief Luther die Autorität der Landesherren zu Hilfe; so kam es zum Bündnis von »Thron und Altar«, das in Deutschland bis 1918 gültig war.

4 Werner Hofmann schreibt in seinem Buch: Zeichen und Gestalt. Die Malerei des 20. Jahrhunderts, Frankfurt/M. 1957, S.55: »1910 malt Kandinsky den Entschluß, den vor ihm schon mancher in Worte gefaßt, doch stets nur in der Obhut des Ornaments zu verwirklichen gewagt hatte: er malt die erste gegenstandslose Improvisation, ein

Gespräch zwischen hastigen und flutenden Farbknäueln, Linienfetzen, Strichhieben – ein Gespräch von Urlauten ...«

»Um 1910 erreicht das Schicksal der Modernen Malerei seine Wendemarke. Die Frage, ob sie Wirklichkeitsinterpretation bleiben oder Wirklichkeitserfindung werden soll, steht zur Entscheidung. Diese Frage wird nicht willkürlich gestellt – sie ist der Punkt, an dem sich, fast zur gleichen Zeit, die wichtigsten Entwicklungsspuren der abgelaufenen Jahrzehnte einfinden. Ein kurzer Rückblick erläutert die Folgerichtigkeit des Geschehens. Sichtbarmachen lautete das Leitmotiv, das aus der Kritik am Impressionismus geboren wurde. Das Weltgebäude erwies sich als oberflächlich und verbraucht, das Nahe und Einzelne als dürftige Kulisse einer größeren, vielschichtigeren Wirklichkeit. Die Ideen traten gebieterisch hinter den Dingen hervor, platonisches Gedankengut öffnete den Weg von den Erscheinungen in die Wesenszone.

Sichtbarmachen meinte in den verschiedenen künstlerischen Lagern den Gewinn neuer Erlebnisschichten; es bedeutete aber auch das Erhellen der Keimkräfte, die in den Bildmitteln selber stecken.« (S. 57)

Und Werner Hofmann in: Die Plastik des 20. Jahrhunderts, Frankfurt / M. 1958, S. 97: »In genau demselben Zeitraum vollzieht sich in der Plastik die entscheidende, bis heute fortwirkende Bewußtseinserweiterung, werden die großen Kraftlinien der kommenden Entwicklung entworfen. Brancusi führt das plastische Gebilde in den Zustand der Unabänderlichkeit. Damit ist ein Absolutum der Form gemeint, an dem das Jahrhundert fürderhin das non plus ultra der Vollkommenheit, der handwerklichen Konzentration und der geistigen Vertiefung ablesen wird. Brancusis Wege in die strahlende Stille der letzten Dinge (die unter seiner Hand wieder zu den ersten werden) ist in dem Maße schweigsam, als die kubistisch-futuristischen Versuche eine beredte Sprache führen. Sie öffnen die breitere Straße, die vielen Nachfolgern Platz gewährt, Brancusi den schmalen Pfad, der immer nur von wenigen beschritten werden wird.«

5 Siehe Hans-Werner Schroeder, Der Mensch und das Böse, Stuttgart 1984, besonders das Kapitel »Die Menschheitsentwicklung und das Böse«.

6 Nach Darstellungen Rudolf Steiners war die »Wiederkunft« vom Jahr 1909 ab als ein geistiges (ätherisches) Geschehen in der Menschheit erlebbar.

Sie vollzieht sich nicht als ein Ereignis physisch-irdischer Art, Christus erscheint nicht als irdischer Mensch wieder, sondern wird für viele Menschen geistig, dadurch aber nicht weniger real erlebbar (in der Sprache der Evangelien: »in den Wolken«). Von solchen Christuserlebnissen geht eine starke zukunftsweisende Kraft aus.

Siehe auch Rudolf Steiner, Das Ereignis der Christus-Erscheinung in der ätherischen Welt (GA 118), Vortrag vom 25. 1. 1910: »Sollte es nicht auch heute möglich sein, daß unendlich Wichtiges vorgeht und die Menschen es nur nicht in ihr Bewußtsein aufnehmen? Könnte es nicht sein, daß unsere Zeitgenossen von dem Allerwichtigsten, was vorgeht in der Welt, jetzt vorgeht, keine Ahnung haben? So ist es! Denn Wichtigstes geht vor, doch geht es nur für den geistigen Blick wahrnehmbar vor. Es wird so viel von Übergangszeiten gesprochen; wir leben in einer solchen, und zwar in einer sehr wichtigen. Und das Wichtige ist, daß wir gerade in der Zeit leben, wo das finstere Zeitalter abgelaufen ist, und daß jetzt gerade ein Zeitalter beginnt, wo die Menschen neue Fähigkeiten langsam und allmählich entwickeln, wo die Seelen der Menschen allmählich anders werden.

Aber daß die meisten Menschen nichts davon bemerken, das braucht Sie nicht zu wundern, denn die meisten haben es auch nicht bemerkt, als im Beginne unserer Zeitrechnung das Christus-Ereignis vor sich ging. ... jetzt haben wir uns in ein neues Zeitalter hineinzuleben. Und was da beginnt, das bereitet langsam die Menschen zu neuen Seelenfähigkeiten vor. Die ersten Anzeichen von diesen neuen Seelenfähigkeiten, die werden sich in vereinzelten Seelen schon verhältnismäßig bald bemerkbar machen. Und sie werden sich deutlicher zeigen in der Mitte der dreißiger Jahre unseres Jahrhunderts, ungefähr in der Zeit zwischen 1930 und 1940. Die Jahre 1933, 1935 und 1937 werden besonders wichtig sein. Da werden sich am Menschen ganz besondere Fähigkeiten als natürliche Anlagen zeigen. In dieser Zeit werden große Veränderungen vor sich gehen und Prophezeiungen der biblischen Urkunden sich erfüllen. Da wird sich alles für die Seelen verändern, die auf der Erde weilen und auch für diejenigen, die nicht mehr im physischen Leibe sind. Gleichgültig, wo sie sind, diese Seelen, sie leben eben ganz neuen Fähigkeiten entgegen. Alles ändert sich. Das wichtigste Ereignis unserer Zeit aber ist eine tief einschneidende Änderung in den Seelenfähigkeiten der Menschen.

Das Kali Yuga ist abgelaufen, und es beginnen die Menschenseelen jetzt neue Fähigkeiten zu entwickeln, jene Fähigkeiten, welche, weil eben das Zeitalter dafür da ist, wie von selber heraustreiben werden aus den Seelen gewisse hellseherische Kräfte.« (S. 22/23)

»Was eintreten kann, das wird das sein, daß die Menschen die neue Fähigkeit eines Wahrnehmens im Ätherischen werden erlangen können – eine gewisse Anzahl von Menschen wenigstens zunächst –, und die andern werden immer mehr und mehr nachrücken, denn 2500 Jahre wird die Menschheit Zeit haben, um diese Fähigkeit immer mehr und mehr zu entwickeln.« (S. 24)

»Solche Umänderungen der menschlichen Seelenfähigkeiten werden kommen. Etwas, was man als ein Ätherisches bezeichnen kann, wird kommen. Und was ist damit verknüpft? Nun, diejenige Wesenheit, die wir den Christus nennen, die war einmal im Fleische auf der Erde im Beginne unserer Zeitrechnung. In einem solchen physischen Leibe wird sie nicht mehr kommen, denn das war ein einmaliges Ereignis. Aber in der ätherischen Gestalt wird der Christus wiederkommen in den genannten Zeiten. Da werden die Menschen wahrnehmen lernen den Christus, indem sie durch dieses Äthersehen hinaufwachsen werden zu ihm, der nun nicht mehr heruntersteigt bis zum physischen Leib, sondern bloß bis zum Ätherleib. Die Menschen werden also hinaufwachsen müssen zu einem Wahrnehmen des Christus. Denn wahr ist der Ausspruch, den der Christus getan hat: ›Ich bin bei euch alle Tage bis ans Ende der Erdenzeiten.‹ Er ist da, er ist in unserer geistigen Welt, und besonders Begnadete, die können ihn immer wahrnehmen in dieser geistig-ätherischen Welt.« (S. 25)

7 Zu den Engeln, die in der geistigen Welt am Entstehen der Christengemeinschaft mitwirkten, traten aber auch Menschen hinzu, die später das Schicksal hatten, für die Entwicklung der Christengemeinschaft auf Erden einzutreten.

8 Alfred Heidenreich berichtet in seinem Buch: Growing Point, S. 26 ff., von Friedrich Rittelmeyer: »Um die Bedeutung Friedrich Rittelmeyers für die Begründung der Christengemeinschaft zu verstehen, muß etwas von seiner Stellung in der damaligen Kultur gesagt werden. Es ist keine Übertreibung zu sagen, daß am Anfang dieses Jahrhunderts Dr. Rittelmeyer, zusammen mit seinem Freund und Kollegen Christian Geyer, die Predigtkunst in Deutschland revolutioniert

hatte. Diese neue Predigtmethode wurde aber von den konservativen und orthodoxen Kreisen nicht ohne weiteres akzeptiert. Bischof Dibelius aus Berlin schrieb etwas sarkastisch in seinen Memoiren: ›Rittelmeyer leerte jedesmal ein ganzes Füllhorn moderner, literarischer Zitate und brillanter Gedanken über seine Gemeinde aus und ließ es immer deutlich werden, daß er ein intimes Verhältnis zu den Problemen der modernen Wissenschaft und Kunst hatte.‹

Obwohl Rittelmeyer am Anfang eine verhältnismäßig niedrige Position in der evangelischen Kirche Deutschlands einnahm, wurden seine Predigttexte weit und breit gelesen. Der berühmte Harnack las sie regelmäßig seiner Familie vor, und in späteren Jahren ließ der preußische Kulturminister aus eigener Initiative eine gesammelte Ausgabe wieder veröffentlichen. 1911, als Rittelmeyer zum erstenmal Rudolf Steiner begegnete, hatte er eine viel größere Gefolgschaft als Steiner selbst. Rittelmeyer konnte nicht nur die größten Kirchen füllen, sondern auch die größten Vortragshallen. Seine Gefolgschaft konnte nach Tausenden gezählt werden, während die Rudolf Steiners nur nach Hunderten. Wir können Rittelmeyer nur hoch anrechnen, daß er trotz dieser Tatsachen die einmalige geistige Größe Rudolf Steiners anerkannte. ...

Im Frühjahr 1917 wurde Rittelmeyer nach Berlin, auf eine der einflußreichsten Kanzeln Deutschlands, die mit St. Pauls oder City Tempel in London vergleichbar ist, berufen. In seiner Autobiographie beschrieb er seine Erfahrungen in allen Einzelheiten, wie er diese Stellung in den letzten zwei Jahren des ersten Weltkriegs einnahm und dadurch den Zusammenbruch des kaiserlichen Deutschlands unmittelbar miterlebte. Bis zum Ende des Kriegs wurde er weltweit berühmt. Erzbischof Soederblom aus Schweden lud ihn ein, die skandinavischen Kirchen zu besuchen.

Als ein Mitglied der deutschen Sektion des ökumenischen Rats wurde er ausgewählt, eine Gruppe aus der englischen Quäkerbewegung zu treffen, die nach dem Krieg die ersten christlichen Repräsentanten aus Britannien waren, einen Gruß des Friedens nach Deutschland zu bringen, und die erste Abordnung des amerikanischen Bischofs willkommen zu heißen. Damals schien es, daß es nur eine kurze Zeit dauern würde, bis Rittelmeyer die höchste Stellung in der evangelischen Kirche Deutschlands angeboten werden würde. Jedoch, alles sollte anders geschehen! Rittelmeyer war 48 Jahre alt, als der Wendepunkt seines Lebens eintrat. Das Schicksal half, aber zwang ihn nicht. 1918 traf ihn ein Unglück, das ihm einen Beinbruch bescherte, was man aber zunächst nicht als schlimm betrachtete. Aber im Laufe der Zeit zeigten sich innere Schädigungen, und er mußte im Sommer 1920 für fast ein ganzes Jahr vom öffentlichen Leben zurücktreten. ... Während dieser Zeit, als er keine äußeren Aktivitäten ausüben durfte, hatte er Zeit, über die Bewegung für religiöse Erneuerung nachzudenken, von der er sich von Anfang an informieren ließ. Was sich in seinem Geist in diesen Monaten bewegte, war entscheidend. Als er sich wieder genügend erholt hatte, uns zu treffen, hatte er seinen Entschluß gefaßt.

Ich erinnere mich ganz klar an sein erstes Erscheinen in unserem Kreis in Berlin im Spätherbst 1921. Ich muß zugeben, daß es für mich etwas erschreckend war! Natürlich hatte ich ein tieferes Interesse und war mit der kommenden Bewegung für religiöse Erneuerung in Wirklichkeit schon fest verbunden; aber etwas, das nach der alten Kirchlichkeit oder dem gewöhnlichen Stil der Religion schmeckte, lief mir kalt den Rücken hinunter. Es war unvermeidlich, daß sich bei unserer ersten Begegnung Rittelmeyer als der evangelische Pfarrer zeigen würde. Später verwandelte er dies in der höchsten und tiefberührendsten Weise. Zunächst aber mußten wir kräftig schlucken! Das war aber ein Teil des geschichtlichen Prozesses. ...«

Zur Ergänzung sei noch aus Christoph von Imhoffs Beitrag »Kirchenstreit 1912« zu: Industriekultur in Nürnberg, hrsg. von Hermann Glaser u. a., München 1980, zitiert: »... Rittelmeyer war ein großartiger Prediger und ein gesuchter Seelsorger, der darum rang, seine Zuhörer zu einer ›bestimmten Einsicht oder zu einem Entschluß zu führen‹ [A. Pauli, ›F. Rittelmeyer, Erzoberlenker der Christengemeinschaft‹, in: Lebensläufe aus Franken, Bd. 6, Würzburg 1960, S. 558]. Ihm ging es darum, daß ein bestimmter, auf den Alltag zugeschnittener Text auch in der Praxis des Alltags verwirklicht werde. Deshalb nahm Rittelmeyer die Vorbereitung der Predigt besonders ernst; er stellte sich die Frage, wie in einer veränderten Gesellschaft – geprägt durch Großstadt, Industriekultur und den Gegensatz von Großbürgertum und Arbeiterschaft – die Aufgabe der christlichen Gemeinde zu erfüllen sei. Rittelmeyer fand in Christian Geyer, der zur gleichen Zeit wie er nach Nürnberg, an die erste Pfarrstelle von St. Sebald, berufen worden war, einen gleichgestimmten Freund, der gleich ihm einen wachen Sinn für die moderne Zeit entwickelte. Die Gesinnungsgemeinschaft der beiden führte zum ständigen gegenseitigen Gedankenaustausch, der für die Kirche Nürnbergs historische Bedeutung gewann. Dreihundert Jahre – von der Nürnberger Reformation 1524 bis zur Eingliederung der Reichsstadt in das Königreich Bayern 1806 – waren Bürger- und Kirchengemeinde in der Noris ein und dasselbe gewesen. Der Rat der Stadt vertrat beide. Jetzt aber steuerte ein ›Königliches Oberkonsistorium‹ von München aus die Geschicke der evangelischen Kirche im ganzen Königreich mit Hilfe eines streng lutherischen Landeskirchenbekenntnisses, das auf den theologischen Erkenntnissen des 16. Jahrhunderts basierte und Rittelmeyer wie Geyer oft unerträgliche Fesseln auferlegte. Die beiden Freunde gingen auch sehr unbefangen in die Versammlungen der Freireligiösen, in denen gegen Religion und christlichen Glauben polemisiert und für den Austritt aus der Kirche geworben wurde; sie traten dort offen gegen Angriffe auf, sprachen im Interesse der Kirche brennende Probleme an und erwarben sich so gerade bei der Arbeiterschaft Achtung.

Wilhelm Stählin, lange Jahre zweiter Prediger in St. Lorenz, später Universitätsprofessor in Münster und lutherischer Landesbischof in Oldenburg, schrieb über die Arbeit Rittelmeyers und Geyers: ›Man kann sich heute kaum mehr vorstellen, welche Bewegung diese beiden Männer in dem bis dahin recht unkirchlichen Nürnberg hervorgerufen haben. Ihre Gottesdienste waren immer von einer großen Menge von Menschen besucht, und zwar von der geistigen Elite der Stadt ebenso wie von vielen ganz einfachen Menschen ... Das Christentum war zum ersten Mal für viele Hunderte von Menschen in dem Sinn »interessant« geworden, daß sie sich in ihrem eigenen Denken und Leben betroffen fühlten. Vieles von dem, was damals mit großer Kühnheit – und zum Entsetzen vieler Orthodoxer – ausgesprochen wurde, ist längst Gemeingut der Theologie wie der kirchlichen Öffentlichkeit geworden.‹ [W. Stählin, Via vitae. Lebenserinnerungen, Kassel 1968, S. 86 ff.]

›Rittelmeyer und Geyer haben mit ihrer Aktivität in Nürnberg das geistige Profil der Stadt verändert; sie waren die entscheidenden Köpfe der »Nürnberger Richtung« des »Freien Protestantismus«, die als erste in Bayern »die bewußte Begegnung der evangelischen Kirche mit den geistigen Mächten des beginnenden 20. Jahrhunderts vollzogen.‹ [W. Trillhaas, ›Der freie Protestantismus im 20. Jahrhundert und die »Nürnberger Richtung«‹, in: Humanitas-Christianitas, 1968, S. 193] «

9 Rittelmeyer selbst gibt in seinen Schriften Hinweise auf seine geistigen Erlebnisse – so etwa wenn er in seiner Autobiographie: Aus meinem Leben, davon spricht, daß er in der Meditation der Menschen-Weihehandlung die reale Gegenwart des Christus erfahren hat (s. Anm. 46). Andere Erfahrungen gibt er u. a. in dem Kapitel »Himmelfahrt« in seinem Buch: Das heilige Jahr, wieder.

Hier seien die Schriften Rittelmeyers aus der Zeit nach der Begründung angefügt:
Vom Lebenswerk Rudolf Steiners. Eine Hoffnung neuer Kultur, hrsg. v. Friedrich Rittelmeyer, München 1921
Christus für uns. Drei Kanzelreden, München 1922
Zur religiösen Erneuerung, zusammen mit Emil Bock, Stuttgart 1922
Welterneuerung, Stuttgart 1923
Die Christengemeinschaft, Stuttgart 1925
Luther – was er uns ist und nicht ist, o. O. 1925
Vom Johanneischen Zeitalter, Stuttgart 1925
Christus und die Gegenwart, Stuttgart 1926
Der kosmische Christus, Stuttgart 1926
Die Menschenweihehandlung, Stuttgart 1926
Vom Tod Christi, Stuttgart 1927
Meine Lebensbegegnung mit Rudolf Steiner, Stuttgart 1928, [10]1983
Was will die Christengemeinschaft? o. O. 1928
Der Ruf der Gegenwart nach Christus, Stuttgart 1928
Meditation. Zwölf Briefe über Selbsterziehung, Stuttgart 1929, [11]1984
Sünde und Gnade, Stuttgart 1929
Gott und die Engel, o. O. 1929
Theologie und Anthroposophie. Eine Einführung, Stuttgart 1930
Das heilige Jahr. Hilfe zur inneren Belebung der Jahreszeiten, Stuttgart 1930

Wiederverkörperung im Lichte des Denkens, der Religion, der Moral, Stuttgart 1931
Briefe über das Johannesevangelium, Privatdrucke, 14 Lieferungen, Stuttgart 1930–1932, als Buch erschienen 1938
Der Deutsche in seiner Weltaufgabe zwischen Rußland und Amerika, Stuttgart 1932
Rudolf Steiner und das Deutschtum, Sonderdruck aus: Vom Lebenswerk Rudolf Steiners, Stuttgart 1933
Rudolf Steiner als Führer zu neuem Christentum, Stuttgart 1933
Rudolf Steiner zur Verteidigung, 1933
Ausgewählte Predigten aus der Nürnberger Zeit, Auszug aus: Leben aus Gott, Halle / S. 1934
Deutschtum, Stuttgart 1934
Das Vaterunser als Menschwerdung, Stuttgart 1935, [5]1985
Christus, Stuttgart 1936
Aus meinem Leben, Stuttgart 1937, [3]1986
Gemeinschaft mit den Verstorbenen. Vier Aufsätze, Stuttgart 1938, [9]1983
Fragen und Antworten zur Einführung in die Christengemeinschaft, Stuttgart 1938
Zahlreiche Aufsätze in Zeitschriften.
Mitherausgeber der Zeitschrift »Christentum und Gegenwart«, 1910–1923
Herausgeber und Schriftleiter der Zeitschrift »Tatchristentum«, 1923–1924
Herausgeber und Schriftleiter der Monatsschrift zur religiösen Erneuerung »Die Christengemeinschaft«, 1924–1938
Posthume Veröffentlichungen:
Lebenshilfe. Acht Aufsätze, Stuttgart 1938
Ich bin das Leben, 1940
Impulse der Gegenwart, Aufsätze, 1940
Ich bin. Reden und Aufsätze über die sieben »Ich-bin«-Worte des Johannesevangeliums, Stuttgart 1956, [2]1986
Andacht, Stuttgart 1955
Menschen untereinander – Menschen füreinander, hrsg. v. Harro Rückner, Stuttgart 1937, [4]1987

Über Friedrich Rittelmeyer: Erwin Schühle, Entscheidung für das Christentum der Zukunft. Friedrich Rittelmeyer – Leben und Werk, Stuttgart 1969

10 Emil Bock, »Religiöse Erneuerung«, in: Wir erlebten Rudolf Steiner. Erinnerungen seiner Schüler, hrsg. von M. J. Krück v. Poturzyn, Stuttgart [6]1980

11 Rudolf Steiner selbst äußert sich dazu im »Nachrichtenblatt, 5.10. 1924« (wohl auch im Hinblick auf Rittelmeyers Geburtstag am 5.10.); im Rückblick auf den von ihm für die Priester gehaltenen Kurs über die Apokalypse sagt er: »Und obwohl ich nicht über das berichten werde, was seiner Wesenheit nach eben nur für den Priesterkreis bestimmt sein kann, fühle ich mich doch verpflichtet, hier dasjenige, was Anthroposophen über einen Vorgang wissen sollen, der sich innerhalb der Anthroposophischen Gesellschaft abspielt.

Was als geistige Substanz durch die Priester der Christengemeinschaft strömt, ist ihr vor zwei Jahren innerhalb des seither abgebrannten Goetheanums aus der geistigen Welt durch meine Vermittlung gewährt worden. Dieses Darreichen war ein solches, daß die Christengemeinschaft gegenüber der Anthroposophischen Gesellschaft völlig selbständig dasteht. Es konnte bei der Begründung gar nichts anderes als eine solche Selbständigkeit angestrebt werden. Denn diese Bewegung für christliche Erneuerung ist nicht aus der Anthroposophie herausgewachsen. Sie hat ihren Ursprung bei Persönlichkeiten genommen, die vom Erleben im Christentum heraus, nicht vom Erleben in der Anthroposophie heraus einen neuen religiösen Weg suchten. Sie empfanden den Drang, in einem lebendigen Ergreifen des übersinnlichen Gehaltes des Christentums die Verbindung der Menschenseele mit ihrer ewigen Wesenswelt zu finden. Sie glaubten fest daran, daß es ein solches lebendiges Ergreifen geben müsse. Aber sie empfanden, daß die Wege, die sich ihnen gegenwärtig für die Erlangung des Priesteramtes öffnen, sie zu diesem Ergreifen nicht führen können. So kamen denn diese Zöglinge eines ehrlich und geistgemäß gemeinten Priestertums vertrauensvoll zu mir. Sie hatten Anthroposophie kennen gelernt. Sie waren überzeugt, daß ihnen Anthroposophie vermitteln könne, was sie suchten. Aber sie suchten nicht den anthroposophischen Weg, sie suchten einen spezifisch religiösen.

Ich verwies sie darauf, daß der Kultus und die ihm zugrunde liegende Lehre allerdings durch die Anthroposophie dargereicht werden können, trotzdem die anthroposophische Bewegung die Pflege des geistigen Lebens von anderen Seiten aus als ihre Aufgabe betrachten müsse.

Es gelang dann, an Dr. Rittelmeyer mit den Bestrebungen dieser Zöglinge eines geistig orientierten christlichen Priestertums heranzutreten. In ihm war eine Persönlichkeit vorhanden, die christlicher Priester und Anthroposoph im wahrsten Sinne des Wortes war. Er hatte, zwar ohne den Kultus, aber in weitem Sinne dem Geiste nach, die christliche Erneuerung in dem Wirken seiner Person dargelebt. Aus der Anthroposophischen Gesellschaft heraus für die christliche Erneuerung etwas darreichen, forderte wie selbstverständlich die praktische Frage heraus: wie wird Rittelmeyer das Dargereichte aufnehmen? Wie wird er sich zu der Verwirklichung des Gewollten stellen? Denn die anthroposophische Bewegung mußte in Rittelmeyer das Vorbild einer Persönlichkeit sehen, die Christentum und Anthroposophie in der inneren Harmonie des Herzens und in der äußeren Harmonie des Wirkens vereint hätte.

Und Rittelmeyer sagte aus vollem Herzen heraus ›Ja‹. Damit war für die selbständige Bewegung für christliche Erneuerung ein fester Ausgangspunkt gewonnen. Und es konnte, was geschehen sollte, hier im Goetheanum vor zwei Jahren inauguriert werden.

Seither ist die Priestergemeinschaft der christlichen Erneuerung ihren Weg in der energischsten Weise gegangen. Sie entfaltet eine segensreiche und heilsame Tätigkeit ...«

12 Die Zitate stammen aus einem Aufsatz Gottfried Husemanns, der Weihnachten 1952 in den »Mitteilungen aus der anthroposophischen Arbeit in Deutschland« (Nr. 22) erschienen ist. Wieder veröffentlicht in: Erinnerungen an Rudolf Steiner. Gesammelte Beiträge aus den Mitteilungen aus der anthroposophischen Arbeit in Deutschland 1947–1978, auch mit einem Beitrag von Emil Bock, hrsg. von Erika Beltle und Kurt Vierl, Stuttgart 1979.

13 Koschützki schildert seine Lebensrückschau in seinem Buch: Fahrt ins Erdenland, Stuttgart ³1952, S. 152f: »Das ganze Leben ging im Fluge an mir vorüber. Lauter einzelne Bilder, sekundenlang mich umgebend, mit einer Schärfe der Umrisse und Frische der Farben, wie sie sonst nur der Wirklichkeit eignet. Es war, als wenn nicht alte Erinnerungen, sondern die Dinge und Geschehnisse selbst wieder lebendig würden. Ich saß als kleiner Junge vor meinen Schularbeiten und schnitt einen schönen, glatten Kerb in die Tischkante. Da tönt die Stimme meines Vaters: ›Komm mal raus, ich hab' dir 'n Pferd gekauft.‹ Ganz verwirrt von dieser märchenhaften Aussicht stürze ich ins Freie und sehe den alten Junnek ein kleines, graues Tier am Zügel halten. Es hatte einen Büschelschwanz und zwei lange Ohren. Ich war starr vor Staunen; mein Vater aber und der alte Junnek lächelten, jeder auf seine Weise. ... So tauchte ein Bild nach dem anderen in greller Deutlichkeit auf, wie wenn ein Gewitter über dem Gefilde der Erinnerung stünde, bald hier, bald da den Schleier mit seinen Blitzen zerreißend.«

14 Hermann Beckh, Buddha und seine Lehre, Stuttgart ⁵1980. Weitere Werke von Hermann Beckh:
Der physische und der geistige Ursprung der Sprache, Stuttgart 1921
Es werde Licht, Stuttgart 1921
Etymologie und Lautbedeutung im Lichte der Geisteswissenschaft, Stuttgart 1921
Anthroposophie und Universitätswissenschaft, Breslau 1922
Das geistige Wesen der Tonarten, Breslau 1923
Der Ursprung im Lichte, München 1924
Der Hingang des Vollendeten (Übersetzung), Stuttgart 1925
Von Buddha zu Christus, Stuttgart 1925
Aus der Welt der Mysterien, Basel 1927
Zarathustra, Stuttgart 1927
Der kosmische Rhythmus im Markus-Evangelium, Basel 1928
Der kosmische Rhythmus, das Sternengeheimnis und Erdengeheimnis im Johannes-Evangelium, Basel 1930
Das Christus-Erlebnis im Dramatisch-Musikalischen von Richard Wagner's »Parsifal«, Stuttgart 1930
Vom Geheimnis der Stoffeswelt (Alchymie), Basel 1931, ²1987
Der Hymnus an die Erde (Übersetzung), Stuttgart 1934
Die Sprache der Tonart in der Musik von Bach bis Bruckner, Stuttgart 1937
Richard Wagner und das Christentum, Stuttgart 1937
Neue Wege zur Ursprache, Stuttgart 1954

15 Beckh schildert diese vorgeburtlichen Erlebnisse in seiner Autobiographie, die in der Zeitschrift »Die Christengemeinschaft«, 14. Jg., erschienen ist. Diese Erlebnisse erwachen in ihm, als er – noch ein Kind – erstmals das Hochgebirge im Allgäu erlebt:

»Der Eindruck der gewaltigen Natur und Einsamkeit auf die kindliche Seele war ein solcher, daß mein Bewußtsein entrückt wurde, daß es nicht mehr in dem weilte, was die Sinneshälfte unseres Tageslebens ist, sondern in der anderen Hälfte – es ist aber nicht die Hälfte, sondern der viel größere und umfassendere Teil, der unser enges Erdensein wieder zum Kosmischen ergänzt – in dem Teil, der unseren Tagessinnen verschlossen ist, in dem aber unser höherer Wesenskern, unser wahres Ich, urständet. Ich kann mir vorstellen, daß höher entwickelte Menschen vielleicht immer, oder doch durch längere Zeitspannen hindurch, zugleich auch in diesem Bewußtseinsteile leben können. Für mich war das Erlebnis jedenfalls etwas aus dem Alltagsleben und -bewußtsein völlig Herausfallendes und Hinausführendes. Ich bin sicher, daß von dem, was ich dort ›am anderen Ufer des Seins‹ erfuhr, viele Menschen nie etwas erleben. Es war die Welt meines vorgeburtlichen Daseins, aus der ich durch die Pforte der Geburt in dieses Erdendasein eingetreten war, und die ich im Zeitenstrome vergessen hatte. Meine Angehörigen, die gar nicht wußten und mit bestem Willen nicht begreifen konnten, was mit mir los war, waren aufs höchste erschrocken und sehr um mich besorgt. Ganz rätselhaft war ihnen, warum ich plötzlich in Tränen ausbrach. Die von mir hervorgestammelten Worte, ich hätte ›heimgewollt‹, waren so, wie sie im tiefsten Grunde gemeint waren, zunächst unverständlich. … ich sah aus kosmischen Höhen auf einmal ganz anders auf die Menschheit herunter, ich sah sie nicht als ununterschiedliche Masse, ich sah – das war naturgemäß – zunächst meine Angehörigen, Verwandte und Bekannte, Menschen also, die ich kannte, sah, wie auch diese eigentlich nichts wissen konnten von dem, was ich im Augenblick erfuhr als eine höhere Realität, der gegenüber alles im Irdischen für Wirklichkeit Gehaltene nur Täuschung, Illusion, Maya war. Hinter diesen aber sah ich auch alle andern, die ich im Leben nicht kannte, die Menschen überhaupt, und ein ungeheurer Schmerz über die Menschheit ergriff mich, ein warmes Mitleid, das ich, obwohl ich persönlich sehr mitleidsvoll war, in dieser umfassenden Größe im Alltagsleben doch nicht kannte. Und die Empfindung dieses ungeheuren Mitleids, dieses Schmerzes mit der Menschheit, dieser Drang zu helfen und sein ganzes Leben auf eine tätige hilfsbereite Menschheitsarbeit einzustellen, war auch in der Folgezeit – ich hatte ja das Erlebnis in der späteren Zeit noch ein paarmal – immer mit dem Erlebnis verbunden.« (S. 323)

16 Aus unveröffentlichten Aufzeichnungen Emil Bocks.

17 Von Paulis Schriften seien genannt:
Vom Pfarrer der Landeskirche zum Priester der Christengemeinschaft, Stuttgart 1928
Was ist Kirche, Stuttgart 1935
Der Mensch und seine Freiheit, Stuttgart 1953
Ist die Christengemeinschaft eine Sekte? o. O., o. J.

18 Joachim Sydow berichtet darüber in der Zeitschrift »Die Christengemeinschaft«, 19. Jg., S. 136: »Eines Tages las man an allen Anschlagsäulen, selbst an den Pforten der Hochschule: Dienstag, den 26. September 1920, abends 8 Uhr, im Schillersaal des Museums: Vortrag von stud. phil. et theol. Husemann, Tübingen, ›Die Schuld der deutschen Universität am Untergang des Abendlandes.‹ Wir dachten: der Mann hat Mut. Da müssen wir hin. Der Saal war übervoll. In den ersten Reihen sah man einen großen Teil der Professorenschaft. Den positiven Inhalt der Rede weiß ich nicht mehr, aber die Art, wie dieser junge Kommilitone – er mochte zwanzig Jahre alt sein – alle Disziplinen der Universität dem Gewitter einer schonungslosen Kritik unterwarf, imponierte mir mächtig. Ich

167

sagte mir: wenn das auch wieder einer von denen ist, die gerne möchten und nicht können: den mußt du dir merken!«

19 Emil Bock hatte im Ersten Weltkrieg in Flandern eine schwere Verwundung erlitten, über die er in der Zeitschrift »Die Christengemeinschaft«, 32. Jg., S. 239, schreibt:

»Jedesmal, wenn wir vorgingen, fielen Dutzende von Kameraden. Ich habe manchen nach hinten geschleppt und auch manchem sterben helfen können. Merkwürdigerweise war ich von dem felsenfesten Gefühl erfüllt, mir würde nichts geschehen. Zu meiner größten Überraschung kam es mittags anders. Wir waren im aussichtslosen Sturmangriff wieder einmal in einem breiten Wassergraben steckengeblieben. Der Befehl zum Zurückgehen kam. Ich war gerade dabei, wieder aus dem Wasser herauszuklettern. Da durchschlug eine Gewehrkugel zuerst meinem Nebenmann den Oberschenkel, nur eine leichte Fleischwunde verursachend; dann fuhr sie mir in den Rücken. Sie zerschnitt mein Lederkoppel, so daß es herunterfiel. Als Querschläger fand sie, obwohl ihre Wucht nun schon mehrfach abgedämpft war, dennoch den Weg durch meinen Bauch. Mir war, als ob eine glühende Eisenstange durch mein Gedärm führe. Der faustgroße Einschuß war unmittelbar links neben dem Rückgrat. Im rechten Beckenknochen blieb das Geschoß stecken. Ich war sogleich gelähmt und rutschte bis über die Knie ins Wasser zurück, nur noch fähig, meine Arme zu bewegen. Ich fühlte, wie mir das Blut in dickem Strom entquoll. Zwischen den Fronten blieb ich liegen. Die Kameraden versprachen mir im Zurückgehen, mich zu holen. Aber ich merkte wohl, daß sie mich aufgaben.

Nun, wie es um mich herum still wurde, richtete ich mich aufs Sterben ein. Es fiel mir nicht schwer. Aber ich merkte, daß ich nicht so bald starb. Ich konnte noch auf meine Uhr sehen. Als eine Stunde vergangen war, sagte ich mir: wenn du jetzt noch am Leben bist, kannst du vielleicht überhaupt am Leben bleiben. Nach der zweiten Stunde faßte ich, obwohl ich nur durch den ungeheuren Schmerz am Verdämmern gehindert wurde, bewußt den Entschluß zum Weiterleben. Mein Wille setzte ein. Ich begann den Kampf gegen die Bewußtlosigkeit. Mit Fiebervorstellungen vermischt zogen Bilder dessen, was ich mir für die Zeit nach der Heimkehr wünschte, durch meine Seele. Öfters kamen noch deutsche Soldaten in der Nähe vorbei. Ich rief sie an. Keiner kümmerte sich um mich. Die Nacht sank immer tiefer herein. Unendlich lang war sie. Immer zäher und verbissener mußte ich ringen, um nicht einzudämmern. Vom Morgengrauen an flogen oft Flugzeuge über mich hin und warfen, wie das damals noch üblich war, Pfeile, von denen einige neben mir ins Wasser klatschten. Ich dachte: ach, sie sollen mich ruhig treffen. Der ganze Tag war schlimm. Hin und her sausten und pfiffen über mir die Geschosse. Aber die Zeit schien stille zu stehen. Endlich, in der Dämmerung kommt eine Offizierspatrouille mit sechs Mann vorbei. Ich rufe sie wie alle, die vorher vorbeigekommen sind, an. Aber ich habe fast keine Stimme mehr. Und das Merkwürdigste ist: ich höre mich selber tief unten rufen, als wäre ich in einer Höhe von 20 m über mir. Das war ein unbeschreibliches Erleben. Offenbar war ich schon soweit heraus aus meinem Leib und rief nur noch infolge des eisernen Willensentschlusses, der in mir weiterwirkte.

Die Kameraden luden mich auf eine Zeltbahn und trugen mich zurück. Ich erinnere mich, wie erstaunlich schwer sie an mir zu tragen hatten, obwohl ich doch in den 30 Stunden fast ausgeblutet war. Das Getragenwerden verursachte mir flammenden Schmerz. Aber nun konnte ich nachlassen. Mein Bewußtsein erlosch. Ich weiß nicht, ob es ein oder zwei Tage waren, die ich hinter der Front einer kämpfenden Truppe gelegen habe, auf eine Sanitätskolonne wartend. An dieser Stelle bin ich mir über die Daten nicht völlig klar. Ich meine, daß ich meine Verwundung am 31. Okt. bekommen habe.

Der Schuß, der mich in Belgien traf, stellt wohl einen sehr wesentlichen Einschnitt in mein Leben dar. Die eine Niere und der Darm waren durchschossen, und nur, weil wir tagelang zuvor ohne Verpflegung gewesen waren, kann man das Wunder, daß ich am Leben blieb, einigermaßen begreiflich finden. Eigentlich war ich, als mich die Männer zurücktrugen, bereits gestorben. Ich war fortan wie in einem fremden Leibe und habe oft auf die Erlebnisse vor der Verwundung als auf die eines anderen Menschen zurückgeschaut. Von meinem Feldwebel ging, als man mich vor den zurückwogenden Linien liegengelassen hatte, eine Nachricht an meine Mutter, ich sei auf dem Felde der Ehre gefallen. Glücklicherweise war damals der Feldpostbetrieb noch so langsam, daß die Karte vom Truppenteil erst mit der gleichen Post bei meiner Mutter eintraf, mit der sie ca. zehn Tage später meine eigene Karte aus dem Bonner Lazarett erhielt; so konnte sie sich gleich auf die Bahn setzen und sich durch Augenschein von der Unrichtigkeit der leichtfertigen Regimentsnachricht überzeugen. Ich bin gewiß, daß mir in jenem Augenblick das Leben durch eine besondere Tat und Gunst der geistigen Welt noch einmal geschenkt worden ist. Nach menschlichem Ermessen hätte es wohl keine Rettung mehr gegeben. ...«

20 Die Schriften Emil Bocks:
Zur religiösen Erneuerung, Stuttgart 1922
Das lichte Jahr (mit Rudolf Meyer), München 1924
Boten des Geistes, Stuttgart 1929, [4]1987
Christliche Theosophie, Stuttgart 1929

Das Schicksal des Genius, Stuttgart 1929
Das Übersinnliche in Ahnung und Erinnerung. Eduard Mörike, Stuttgart 1929
Der Okkultismus des Herzens. Justinus Kerner, Stuttgart 1929
Die Katakomben (mit Robert Goebel), Stuttgart 1930
Wiederholte Erdenleben, Stuttgart 1932, [2]1975
Beiträge zur Geistesgeschichte der Menschheit, Bd. I. Urgeschichte, 1935, [8]1990
Beiträge zur Geistesgeschichte der Menschheit, Bd. II. Moses und sein Zeitalter, Stuttgart 1935, [7]1983
Palästina, Stuttgart 1935
Beiträge zur Geistesgeschichte der Menschheit, Bd. III. Könige und Propheten, Stuttgart 1936, [5]1977
Beiträge zur Geistesgeschichte der Menschheit, Bd. IV. Cäsaren und Apostel, Stuttgart 1936, [6]1983
Beiträge zur Geistesgeschichte der Menschheit, Bd. V. Kindheit und Jugend Jesu, Stuttgart 1939, [8]1988
Katholizismus, Protestantismus, Christengemeinschaft (Ein Vortrag), Stuttgart 1940
Beiträge zur Geistesgeschichte der Menschheit, Bd. VI. Die drei Jahre, Stuttgart 1948, [7]1987
Im michaelischen Zeitalter, Stuttgart 1948
Die neue Reformation (4 Vorträge), Stuttgart 1953
Beiträge zur Geistesgeschichte der Menschheit, Bd. VII. Paulus, Stuttgart 1954, [4]1981
Das Zeitalter der romanischen Kunst, Stuttgart 1958
Romanische Baukunst und Plastik in Württemberg, Stuttgart 1958
Zeitgenossen, Weggenossen, Wegbereiter, Stuttgart 1959
Reisetagebücher, Stuttgart 1960, [3]1986
Rudolf Steiner. Studien zu seinem Lebensgang und Lebensweg, Stuttgart 1961, [2]1967

Der Kreis der Jahresfeste, Stuttgart 1962, [4]1981

Apokalypse, Stuttgart 1964, [4]1982

Was will die Christengemeinschaft? (Zwei öffentliche Vorträge), Stuttgart 1964

Briefe, Stuttgart 1968

Schwäbische Romanik, Stuttgart 1973, [5]1979

Das Bergische Land, Wuppertal 1974

Michaelisches Zeitalter, Stuttgart 1979

Das Neue Testament (Übersetzung), Stuttgart 1980, [2]1982

Das Evangelium (Manuskriptdruck 1957/ 58), Stuttgart 1984

Ein Spiel von Johannes dem Täufer, Stuttgart o. J.

Ein Weg zur notwendigen religiösen Erneuerung, Berlin o. J.

Beiträge zur Übersetzung des Neuen Testaments (Manuskriptdruck o. O., o. J.)

Beiträge zum Verständnis des Evangeliums (Manuskriptdruck o. O., o. J.)

21 Joachim Sydow sagt (a. a. O.) von seiner Beziehung zur Jugendbewegung: »Es war gewiß kein Zufall, sondern ein wesentliches Schicksal, daß der erste Priesterkreis sich zum Teil aus ehemaligen Jugendbeweglern zusammensetzte und daß in den nächsten Jahren immer noch neue hinzukamen. Es war für uns wie ein großes Wiedersehen und freudiges Wiedererkennen. Alle Richtungen waren vertreten, vom aristokratischsten Freischärler bis zum Feld-, Wald- und Wiesen-Wandervogel. Alles, was sich vorher getrennt und oft sogar bekämpft hatte, fühlte sich hier zu einer höheren Einheit verbunden. Wie herzlich hatte ich z. B. Wilhelm Kelber abgelehnt, als ich ihn auf dem Coburger Bundestag (1919) hatte sprechen hören; und welch tiefer Jubel erfüllte meine Seele, als er plötzlich mit Eduard Lenz in Breitbrunn zur Begründungsversammlung der Christengemeinschaft auftauchte! Es war

uns allen, als hätten wir ein erstes Ziel unserer Wanderschaft wirklich erreicht. ....«

Alfred Heidenreich – ebenfalls in der Jugendbewegung verwurzelt – schreibt darüber in: Growing Point, S. 41 ff., folgendes: »Der Tübingerkreis, dem ich angehörte, und von dem ich aus tiefer, persönlicher Erfahrung erzählen kann, war ganz anders. Fast alle waren in der ursprünglichen Jugendbewegung der Vorkriegszeit verwurzelt. Verschiedene Autoren haben versucht, diese Bewegung zu beschreiben, aber niemand hat das Eigentliche getroffen. Es ist schwierig zu vermitteln, daß im ersten Jahrzehnt dieses Jahrhunderts eine spontane Bewegung unter den Schülern und Schülerinnen in vielen verschiedenen Orten Deutschlands entstand. Sie war zunächst unorganisiert, aber sie war von denselben Impulsen und Idealen inspiriert, die das Leben vieler deutscher Jugendlicher vor den Augen einer verwirrten, mißbilligenden und oft feindseligen Generation von Eltern und Lehrern umwandelte. Von meinem fünfzehnten Lebensjahr an war mein eigenes Schulleben mit dieser Bewegung total verbunden. Alles andere war sekundär und schien mir altmodisch und unvollkommen. Aus Tradition studierten wir in der Schule weiter und überstanden unsere Prüfungen, aber das eigentliche Leben hatte sein Zentrum in einem ganz anderen Bereich. Die Schule wurde überflüssig. Wir hatten ein großes Bild von unserer Mission und wir tasteten nach wahren Werten in einer Zivilisation, die Geld, Macht und Alkohol verehrte und mit der die Schulen vereinigt waren.

In Rudolf Steiner begegneten wir einem Mann der alten Generation, der das verstand, was wir suchten. In seinen Werken fanden wir die Gedanken, die uns uns selbst erklären konnten und uns die halbbewußte Stimme unseres Herzens zum Bewußtsein brachten. In seiner Lehre entdeckten wir eine objektive Zustimmung für unsere Lebensart, die wir in einem wichtigen Wendepunkt der Geschichte suchten. Wir lernten zu verstehen, daß unsere Wanderlust eine irdische Projektion des Strebens nach dem Gral war. Natürlich – zu dieser Zeit hatte nur eine kleine Zahl unserer Bewegung Rudolf Steiner erkannt. Aber ein erstes Treffen zwischen ihm und Abgeordneten aus der Jugendbewegung am Palmsonntag 1921 war ein historisches Ereignis. Auf der menschlichen Ebene war es so spannend und anregend, daß wir zum Staunen der Einwohner, die spazierengingen, auf der Straße tanzten. Als Folge schrieb ich ein Büchlein, ›Jugendbewegung und Anthroposophie‹. Es war eine Art Anfängerbuch, über das man nachher immer rot wird, aber die 5000 Exemplare wurden ganz schnell verkauft. Noch heute treffe ich Leute, die mir sagen, daß dieses Büchlein für sie den Zugang zu Rudolf Steiner eröffnete.«

22 Von Gerhard Klein stammen schöne Erzählungen:
Der blinde Peter, Stuttgart 1969
Vater Baum, Stuttgart 1968
Beim Schicksal zu Gast, Stuttgart [2]1986

23 Über die Wirksamkeit Marta Heimerans berichtet: Marta Heimeran, zusammengestellt und hrsg. v. Marina Lippke, Selbstverlag der Tübinger Gemeinde 1965. Außerdem verdanken wir Marta Heimeran das Buch: Von der Religion des kleinen Kindes, Stuttgart [5]1989

24 Alfred Heidenreich, Growing Point, S.42f. Die Schriften Wilhelm Kelbers:
Zum Verständnis des Kultus, Stuttgart 1930
Der Menschensohn, Stuttgart 1967
Die Logoslehre von Heraklit bis Origenes, Stuttgart [2]1976
Raphael von Urbino. Leben und Werk, Stuttgart [2]1979

25 Heidenreich hat die Begründung in England selbst dargestellt in seinem Buch: Growing Point, Edinburgh [2]1979. Weitere Schriften von ihm:
Jugendbewegung und Anthroposophie, Stuttgart 1922
Im Angesicht des Schicksals, Stuttgart 1928
Weltkirchenpläne, Stuttgart 1932
Healings and the Gospels, Edinburgh 1980

26 Die Schriften Friedrich Doldingers:
Abend und Morgen, Stuttgart 1936
Advent-Gedichte, Salzburg 1958
Alhambra. Joseph von Auffenbergs Pilgerfahrt zum Reich der Geister, Stuttgart 1934
Alter, Krankheit, Trennung, Tod, Stuttgart 1930
Aussatz in Cluny. Drama in 1 Akt. Stuttgart 1933
Blimblemplästra, Dornach 1926
Brot und Wein, Stuttgart 1925
Die christliche Familie, Stuttgart 1929
Christus bei den Germanen, Stuttgart 1933
Drei-König-Sprüche, Freiburg i. Br. o. J.
Erda-Maria. Gedichte, Stuttgart 1926
Die ewige Stadt, Freiburg i. Br. 1946
Fim. Ein possenhaftes Geschwätzstück in 3 Aufzügen, Stuttgart 1929
Frühling. Ein Gespräch. Dramatische Szene, Salzburg 1958
Gebet der Jugend, [Freiburg] o. J.
Goethe. Stufengänge und Überblicke, Köln 1960
Goldumglänzter im Feuer-Gefährt. Eine Auswahl aus den Gedichten, Stuttgart o. J.
Die Insel der Verzeihenden. Dramatisches Spiel in 3 Aufzügen, Stuttgart 1969
Das Jahr der Seele, Freiburg i. Br. 1967
Kaiser Julian der Sonnenbekenner, Stuttgart 1926
Kleines Pfingstgespräch, Salzburg [1956]
Leben mit den Wochentagen, Stuttgart 1972, [4]1990
Mitte des Lebens, Stuttgart 1935

Mozart, Stuttgart o. J.
Das Opfer des Knaben. Erzählende Dichtung, Stuttgart 1937
Der Schwanenritter. Dramatische Legende in 6 Bildern, Bremen 1949
Sternen-Ritt. Sinnsprüche, Salzburg 1959
Tinkepuhle. Erzählende Dichtung, Köln 1960
Der Tisch, Stuttgart 1925
Verehrung Michaels. Gedichte, Salzburg 1958
Das verlorene Krönlein. Märchen, Stuttgart 1927
Verwandlung der Plagen, Stuttgart 1935
Der Vogel Gryff, Lörrach 1927
Weisheit der Wolken, Stuttgart 1931
Der weise Stein, München 1924
Weltentugend trägt uns. Lebenssprüche, Freiburg i. Br. o. J.
Weltenwacht. Erzählungen, Stuttgart 1952
Wintergespräch. Ein Spiel im Advent, Salzburg o. J.
Der Wolkendurchleuchter, Basel 1930
Die Zukunft wird geboren, Freiburg 1967
Noten: Die Himmel rühmen des Ewigen Ehre. Feiermusik zum Singen im Chor und zum Spielen auf allerhand Instrumenten, Heft 1 Festlieder, Augsburg 1926

27 Eduard Lenz, Gelebte Zukunft, Stuttgart ²1982. Weitere Schriften:
Betrachtungen über das Matthäus-Evangelium. Studien zur Komposition und Initiation im Ersten Evangelium, Stuttgart ²1990

28 Schriften von Carl Stegmann:
Der innere Charakter der sozial-religiösen Arbeit (Sonderdruck aus »Entscheidung«, Nr. 5), Essen 1932
Amerika. Versuchungen – Gefahren – Erwartungen, Carmichael 1982
Das andere Amerika, Bd. I und II, o. O., o. J.
Die Menschheitsaufgabe Mitteleuropas, [Essen] o. J.
Mitherausgeber von »Entscheidung«, 1930–1933

Befreiung des Proletariats. Aufsätze aus drei Jahrgängen der »Entscheidung«, Essen o. J.
Jahrtausend-Wende, Basel 1986

29 Zur Begründung der Christengemeinschaft in den Niederlanden, nach einer Mitteilung von A. Boogert, Den Haag:
Die Darstellung der Ereignisse im Haager Gemeindebuch läßt folgende Schritte zur Begründung sichtbar werden:
1. Die Kunde von der Begründung der Christengemeinschaft, 1922 in Dornach, geriet bald nach Holland. Dazu verhalfen auch Begegnungen auf einer anthroposophischen Tagung im Herbst 1924 in Hannover und vor allem auf der pädagogischen Tagung im Juli 1924 in Arnheim (wo z. B. auch Claus von der Decken anwesend war).
2. Es bildete sich eine Vorbereitungsgruppe (»Comité van voorbereiding«) von neun mit Namen genannten Menschen; bei zweien wird ausdrücklich vermerkt, daß sie Vorstandsmitglieder der Anthroposophischen Gesellschaft in den Niederlanden waren.
3. Auf Einladung dieses Komitees kam Lic. Emil Bock im Oktober 1925 nach Holland; in Den Haag taufte Bock unter anderen auch zwei Kinder von Gerrit Gerretsen.
4. Im Februar 1926 kam Friedrich Rittelmeyer nach Holland und hielt Vorträge und Besprechungen in Amsterdam, Den Haag und Rotterdam.
Lic. Emil Bock war mitgekommen und blieb nach der Abreise Rittelmeyers noch zwei Monate in Holland. Auch Heinrich Ogilvie war mitgekommen; er blieb in den Niederlanden.
5. Am 7. Februar 1926 hielt Rittelmeyer die erste Menschenweihehandlung in Holland, und zwar im Hause Gerretsen, Den Haag.
Außer Bock und Gerretsen waren dabei anwesend: Heinrich Ogilvie, Cornelis Los und seine Verlobte, Mirandolle Ludovichs, Frau Gerretsen.

6. Am Palmsonntag, 28. März, hielt Bock die erste öffentliche Weihehandlung auf Deutsch; am Johannistage hielt Ogilvie die erste öffentliche Menschenweihehandlung auf Holländisch; beide in Den Haag.

7. Die Haager Gemeinde wurde in Anwesenheit Ogilvies von zwanzig Menschen am 13. November 1926 begründet. Die ersten dort genannten sind Gerretsen und Los, die beide am 19. Dezember 1926 die Priesterweihe erhielten und Weihnachten 1926 Ogilvie in der Gemeindeführung ablösten. Ogilvie zog nach Amsterdam.

8. Der Eintragung der zwanzig Namen geht der Satz voran: »De plaatselijke Gemeente te 's-Gravenhage werd op Zaterdag 13 November 1926 gesticht door den uitgesproken overeenstemmenden wil van de volgende personen, die verklaarden te willen behooren tot de Gemeente des Christus Jezus.«

30 Die Schriften Rudolf Frielings:
Das heilige Spiel, Stuttgart 1925
Die sieben Sakramente, Stuttgart 1926
Die Feier, Stuttgart 1928
Vom Beten, Stuttgart 1929
Der heilige Berg im Alten und Neuen Testament, Stuttgart 1930
Die heilige Zahl im Johannes-Evangelium, Stuttgart 1933
Agape, Stuttgart 1936
Aus der Welt der Psalmen, Stuttgart 1948
Vom Wesen des Christentums, Stuttgart 1948, [3]1979
Die sieben Sakramente in der Geschichte der Christenheit, Stuttgart 1950
Von Bäumen, Brunnen und Steinen in den Erzvätergeschichten, Stuttgart 1961
Christentum und Gnosis, Stuttgart 1962
Bibel-Studien, Stuttgart 1963
Der Sonntag – eine christliche Tatsache, Stuttgart 1978
Die Verklärung auf dem Berge, Stuttgart 1969

Christentum und Wiederverkörperung, Stuttgart 1974, [2]1975
Christentum und Islam, Stuttgart 1977
Gesammelte Schriften zum Alten und Neuen Testament:
Bd. I. Studien zum Alten Testament, Stuttgart 1983
Bd. II. Psalmen, Stuttgart 1985
Bd. III. Christologische Aufsätze, Stuttgart 1982
Bd. IV. Studien zum Neuen Testament, Stuttgart 1986
Im Zeichen der Hoffnung, Stuttgart 1986
Das Rätsel des Todes, Stuttgart o. J.

31 Schriften von Eberhard Kurras:
Der goldene Spiegel. Märchenweisheit, Stuttgart 1923
Erneuerung des Christentums. Erkenntnis und Leben, Stuttgart 1965
Christus-Erfahrungen. Petrus – Paulus – Johannes, Stuttgart 1975

32 Zu Gottfried Husemann s. Anm. 18

33 Zu Wilhelm Kelber s. Anm. 24

34 Schriften von Kurt von Wistinghausen:
Der neue Gottesdienst, Stuttgart [4]1987
Das neue Bekenntnis, Stuttgart [2]1983
Grundlegung der Ehe, Stuttgart 1963
Die erneuerte Taufe, Stuttgart [3]1988
Estland – Ferne Welt, Stuttgart [2]1971
Der verborgene Evangelist, Stuttgart 1983
Am Webstuhl der Zeit, Stuttgart 1988
Friedrich Rittelmeyer zum Gedächtnis, Stuttgart 1938. Als Schriftleiter der Zeitschrift »Die Christengemeinschaft« Verfasser zahlreicher Aufsätze.

35 Es gehört zu den geistesgeschichtlich interessanten Tatsachen, daß sich bereits vor der Begründung der Christengemeinschaft in Polen aufgrund von Inspirationen einer Nonne (Felicja Kozlowska, 1862–1922) eine kirchliche Strömung aus der katholischen Kirche abgespalten hat, die im Laufe ihrer

Entwicklung u.a. auch das Priestertum der Frauen, ja sogar weibliche Bischöfe zuließ: die »Mariaviten«, gegründet 1893 und 1906 aus der röm.-kath. Kirche ausgeschlossen.

36 Paulus im 1.Korintherbrief 14, 34 und 35: »Eure Weiber lasset schweigen unter der Gemeine« (Luther-Übersetzung); ähnlich auch 1.Timotheusbrief 2,12.

Diese Festsetzung des Paulus muß heute als zeitbedingt angesehen werden. Man kann es auch so formulieren: Heute sind in jeder Frau nicht nur weibliche Seelenhaftigkeit und Hingabekräfte des Herzens veranlagt, sondern auch genügend Bewußtseinskräfte und geistiges Vermögen, die früher nur zur Begabung des Mannes gehörten. Emil Bock übersetzt deshalb die Paulus-Stelle so: »Das Besondere der weiblichen Natur soll in der Gemeinde schweigen« – d.h. die Einseitigkeiten der weiblichen Natur (die durchaus auch im Manne auftreten können) sollen zurückgehalten werden. Heute gilt das aber ebenso von den Einseitigkeiten des Mannes!

37 Schriften Rudolf Meyers:
Gegenwartsrätsel im Offenbarungslicht, Stuttgart 1925
Das Kind, Stuttgart 1927
Lebensentscheidungen, Stuttgart 1929
Die Weisheit der deutschen Volksmärchen, Stuttgart 1935, [8]1981
Goethe, der Heide und der Christ, Stuttgart 1936, [2]1965
Das Geisteserbe Finnlands, Basel 1940 (2.Auflage »Kalewala«)
Vom Sinn des Todes, Schaffhausen 1943, [7]1985
Der Mensch und sein Engel, Schaffhausen 1943
Die Greifenfeder und andere Schweizer Volksmärchen, Schaffhausen 1944
Vom Sinn des Leidens, Schaffhausen 1944, [6]1983
Christ und Antichrist, Schaffhausen 1945

Zukunftsformen des Christentums, Schaffhausen 1945
Die Würde des Menschen, Schaffhausen 1946
Rhythmische Geheimnisse, Schaffhausen 1947
Das Gebet als Lebensmacht, Schaffhausen 1950
Franziskus von Assisi, Arlesheim 1951
Christliche Gotteserkenntnis, Stuttgart 1952
Vom Genius der Schweiz, Arlesheim 1952
Der Auferstandene und die Erdenzukunft, Stuttgart 1953
Gottesfreundschaft. Ein Spruchbüchlein, Arlesheim 1953
Novalis, Stuttgart 1954, [3]1972
Der Gral und seine Hüter, Stuttgart 1956 (ab 3.Auflage: Zum Raum wird hier die Zeit), [3]1980
Christian Morgenstern in Berlin, Stuttgart 1959
Die christlichen Lebensideale, Stuttgart 1960
Menschheits-Legende. Gedichte, Stuttgart 1961
Wer war Rudolf Steiner? Stuttgart 1961 (3.Auflage: Rudolf Steiner), [4]1978
Die Wiedergewinnung des Johannesevangeliums, Stuttgart 1962
Albert Steffen – Künstler und Christ, Stuttgart 1963
Vom Sinn des Krankseins und von der Gemeinschaft der Heilenden, Arlesheim 1963
Elias oder die Zielsetzung der Erde, Stuttgart 1964
Vom Schicksal der Toten, Stuttgart 1964, [7]1979
Nordische Apokalypse, Stuttgart 1967
Die Überwinder. Apokalyptische Motive, Stuttgart 1969
Zur Erlösung der Tierwelt, Stuttgart 1970
Den Toten zur Feier, Stuttgart 1973
Aussaat. Gedichte, Breslau o.J.
Weltenherz. Gedichte, Stuttgart o.J.
Michael Bauer: Christian Morgensterns Leben und Werk, vollendet von Margareta

Morgenstern und Rudolf Meyer. Stuttgart ²1985

Schriften Robert Goebels:
Von der Krisis des Protestantismus: zu Karl Barths ›Theologie der Krisis‹ (mit A. Pauli), Stuttgart 1928
Das Evangelium in den vier Evangelien, Stuttgart 1929
Vom Sprechen und vom Schweigen, Stuttgart 1938, ²1982
Katakomben (mit Emil Bock), Stuttgart 1938, ²1982
Die Brücke zu den Lebenden und zu den Toten, Stuttgart 1938
Ehrfurcht, Geduld und Treue, Stuttgart 1939
Vom Schmerz, von der Krankheit und vom Tode, Stuttgart 1939, ²1982
Schicksalsbegegnung und Todesüberwindung, Stuttgart 1947, ⁴1982
Engel und Dauerstern, Stuttgart 1952
Vom Schmerz und von der Krankheit, Stuttgart 1960, ²1982
Schelling, Künder einer neuen Epoche des Christentums, Stuttgart 1975

38 Alfred Heidenreich, a.a.O., S.43: »Die Vielfalt der Persönlichkeiten sicherte dem Gründerkreis einen machtvollen Wirkungsbereich und Reichweite sowie eine bestimmte geschichtliche Berechtigung. Im Christentum gab es schon immer Gegensätze: Konservative und Fortschrittliche, Gelehrte und Missionare, Mystiker und Pioniere, Dominikaner und Franziskaner. In dem Gründerkreis der Christengemeinschaft aber wurde die Gegensätzlichkeit sogar noch weiter geführt. In ihm waren nicht nur Enthusiasten und Gelehrte, sondern Christen und »Heiden«. Einige der älteren Generation waren tiefst überzeugte Christen, dagegen hatten einige der jüngeren Generation keinen Zugang zum Christentum, wie sie es in den Kirchen oder in anderen Formen erlebten. Ich kann mich nicht erinnern, jemals nach meinem fünfzehnten Lebensjahr aus religiösen Gründen zur Kirche gegangen zu sein. Während meiner Zeit in der Armee besuchte ich nur ein einziges Mal einen Gottesdienst und danach nie wieder! Ich war vielleicht ein besonderer Fall, aber sicher keine Ausnahme. Wäre Rudolf Steiner nicht gewesen, hätten solche Menschen wie ich niemals den Weg zu Christus gefunden. Er wies uns darauf hin, daß Christus ein kosmisches, geistiges Wesen sei, durch dessen Einwohnung in der menschlichen Seele der Mensch sein Selbstbewußtsein und seine Selbsterkenntnis in Harmonie mit Gott finden konnte (Joh. 17, 23). Als Aussage über die kosmischen Verhältnisse bekam dieser Satz seinen Sinn. Aber nur nach und nach konnten wir den historischen Jesus der Evangelien annehmen. Auch hier wiederum öffnete Rudolf Steiner unsere Augen.«

39 Alfred Heidenreich in: Growing Point. The Story of the Foundation of The Christian Community, Edinburgh ²1979, S.33 f.

40 »Einen anderen Grund kann niemand legen außer dem, der gelegt ist: Jesus Christus«: 1. Korinther 3, 11.

41 In den Statuten der »Allgemeinen Anthroposophischen Gesellschaft« heißt es: »Die Anthroposophische Gesellschaft ist keine Geheimgesellschaft, sondern eine durchaus öffentliche. Ihr Mitglied kann jedermann ohne Unterschied der Nation, des Standes, *der Religion*, der wissenschaftlichen oder künstlerischen Überzeugung werden, der in dem Bestand einer solchen Institution, wie sie das Goetheanum in Dornach als Freie Hochschule für Geisteswissenschaft ist, etwas Berechtigtes sieht. Die Gesellschaft lehnt jedes sektiererische Bestreben ab. Die Politik betrachtet sie nicht als in ihren Aufgaben liegend.« (Absatz 4)
Die Zugehörigkeit zur Anthroposophischen Gesellschaft ist also in diesem Sinne

zunächst wirklich voraussetzungslos für ihre Mitglieder, obwohl die Anthroposophie ganz Christus-bezogen ist. Religiöses Bekenntnis aber ist Sache des Einzelnen, nicht der Gesellschaft. Andererseits ließ Rudolf Steiner keinen Zweifel daran, daß die geistigen Inhalte der Anthroposophie, tief genug in der Seele erlebt, zu religiösen Empfindungen führen können, und daß so Wissenschaft, Kunst, Religion wieder zusammenzuwachsen vermögen; ja daß selbst eine »geistige Kommunion« auf diese Weise erlangt werden kann. Trotzdem: Anthroposophie und Anthroposophische Gesellschaft soll die religiöse Übung (Kultus) nicht *ersetzen* (s. Anm. 44), denn sie erweckt das »Geistbewußtsein« im Menschen.

Friedrich Rittelmeyer äußert sich: Lebensbegegnung mit Rudolf Steiner, S.149f., folgendermaßen: »Als man Steiner fragte: Wie unterscheiden sich die anthroposophische Bewegung und die Christengemeinschaft? antwortete er: ›Die anthroposophische Bewegung wendet sich an das Erkenntnisbedürfnis und bringt Erkenntnis; die Christengemeinschaft wendet sich an das Auferstehungsbedürfnis und bringt Christus.‹ Wie Erkenntnis auch ganz zu Christus führen kann, haben wir gezeigt.

Wer in der Christengemeinschaft lebt, darf sich im Kultus dem gegenwärtigen Christus unmittelbar gegenüber fühlen. Er hat Nahrung für seine Seele und Hilfe für sein Leben, so stark und groß, wie er sie nur wünschen kann. Er braucht sich nicht um die anthroposophischen Einzelerkenntnisse zu kümmern. Aber er lebt mit von dem Höchsten, wozu anthroposophische Erkenntnis vordringen kann. Hat er Erkenntnisbedürfnisse, so können wir Führer der Christengemeinschaft, die wir selbst aus der Anthroposophie so reich beschenkt worden sind, ihm die Hilfe dazu aus der Anthroposophie darreichen. Denn wir wollen mit der werdenden Welt-

anschauung gehen und nicht mit der vergehenden. Aber alles dies steht völlig in der Freiheit des einzelnen, sowohl des Priesters wie des Gemeindegliedes. Nichts Anthroposophisches ist Dogma der Christengemeinschaft. Was die Christengemeinschaft eint, sind die großen Grundwahrheiten und Grundtatsachen des Christentums, allerdings aus einer neuen Geistigkeit heraus geschaut – und daß sie ohne diese verloren worden wären, zeigt die Geschichte der Gegenwart –, aber doch so, daß sich in ihr eben die objektiven Heilstatsachen der Menschheit aussprechen. Die Anthroposophische Gesellschaft ist eine Kulturbewegung, die alle Gebiete umspannt. Die Christengemeinschaft ist eine Heilskirche, die alle Menschen umfassen kann.«

42 Die Vorträge Rudolf Steiners, die Klein und Borchart damals bei ihrem Besuch in Dornach hörten, liegen heute gedruckt vor in dem Band: Geistige und soziale Wandlungen in der Menschheitsentwickelung (GA 196). Es sind die Vorträge vom 6., 7. und 8. Februar 1920. Der erste dieser Vorträge, der Klein zu dem Gespräch mit Rudolf Steiner angeregt hat, enthält überraschenderweise das Motiv der »Erneuerung des Christentums«; da heißt es ziemlich unvermittelt: »Und ohne Menschenkenntnis gibt es kein soziales Leben, ohne Menschenkenntnis gibt es auch *keine Erneuerung des Christentums*! «

Kurz zuvor ist schon eine Äußerung, die wie zufällig auf das Mißverständnis hinweist, dem – wie noch zu zeigen ist – Klein dann zunächst zum Opfer gefallen ist: »Heute handelt es sich darum, ein Christus-Wort nun wirklich richtig zu verstehen …, dieses eine Christus-Wort, das eines der wichtigsten, der bedeutsamsten ist, das heißt: ›Wenn zwei oder drei in meinem Namen vereinigt sind, dann bin ich mitten unter euch.‹ Das heißt, *wenn einer allein ist, dann ist der Christus nicht da.* Den Christus kann man nicht fin-

176

den, ohne sich verbunden zu fühlen mit der ganzen Menschheit ... Das heißt, das innerliche Sich-Befriedigen führt von dem Christus-Impuls ab.«

43 Aus unveröffentlichten Aufzeichnungen Kleins.

44 Die Formulierung der »Eingabe« war mitbewirkt durch einen Wortlaut Rudolf Steiners, der gerade erschienen war und von Martin Borchart sozusagen druckfrisch zu der entscheidenden Sitzung mitgebracht wurde. Er ist heute enthalten als 3. Vortrag in: Bausteine zu einer Erkenntnis des Mysteriums von Golgatha (GA 175, 20. 2. 1917). Es war einer der ersten Vorträge – vielleicht der erste –, die Rittelmeyer von Rudolf Steiner hörte. Die entscheidende Passage lautet:

»Und ich glaube, an dieser Stelle eine Einschaltung machen zu sollen, die *wichtig* ist, und die gerade von den Freunden unserer Geisteswissenschaft *recht gut verstanden* werden sollte. *Man sollte nicht die Sache so darstellen, als ob geisteswissenschaftliche Bestrebungen ein Ersatz sein sollten für die religiöse Übung und das religiöse Leben.* Geisteswissenschaft kann im höchsten Maße und insbesondere auch mit Bezug auf das Christus-Mysterium eine *Stütze,* eine *Unterbauung* des religiösen Lebens und der religiösen Übung sein; aber *man sollte Geisteswissenschaft nicht geradezu zur Religion machen,* sondern man sollte sich klar sein darüber, daß *Religion* in ihrem *lebendigen Leben,* in ihrem *lebendigen Geübtwerden* innerhalb der menschlichen Gemeinschaft das Geistbewußtsein der Seele entfacht. Soll dieses Geistbewußtsein im Menschen lebendig werden, so kann der Mensch nicht bei abstrakten *Vorstellungen* von Gott oder Christus stehen bleiben, sondern er muß *immer erneut in der religiösen Übung, in der religiösen Betätigung,* die ja für die verschiedenen Menschen die verschiedensten Formen annehmen kann, darinnenstehen in *etwas, was ihn als ein religiöses Milieu* umgibt, was als ein religiöses Milieu zu ihm spricht. Und ist dieses religiöse Milieu tief genug, findet dieses religiöse Milieu die Mittel, die Seele genügend anzuregen, so wird diese Seele schon Sehnsucht empfinden, gerade dann Sehnsucht empfinden auch zu jenen Vorstellungen hin, welche in der Geisteswissenschaft entwickelt werden. Ist in objektiver Beziehung Geisteswissenschaft ganz sicherlich eine Stütze der religiösen Erbauung, so ist in subjektiver Beziehung heute die Zeit gekommen, von der wir sagen müssen, daß ein recht religiös empfindender Mensch gerade durch das religiöse Empfinden hingetrieben wird, auch zu erkennen. Denn im religiösen Empfinden wird das Geistbewußtsein, in der Geisteswissenschaft die Geist-Erkenntnis, so wie in der Naturwissenschaft die Naturerkenntnis, errungen; und das Geistbewußtsein führt zu dem Drange, Geist-Erkenntnis sich zu erwerben. Subjektiv kann man sagen, daß gerade ein inniges religiöses Leben den heutigen Menschen zur Geisteswissenschaft treiben kann.«*

Siehe auch Wolfgang Gädeke, Anthroposophie und die Fortbildung der Religion, Flensburg 1990.

45 Emil Bock in: Wir erlebten Rudolf Steiner, Stuttgart [6]1980, S. 43

46 Friedrich Rittelmeyer, Aus meinem Leben, Kapitel »Lebenswende«, Stuttgart [3]1986

47 Es ist oft gefragt worden, ob die Vorträge, die beim Entstehen der Christengemeinschaft eine so grundlegende Rolle spielten, nicht veröffentlicht werden sollten. Es wird sogar manchmal die dringende Forderung nach einer solchen Veröffentlichung der »Priesterzyklen« erhoben; ja, in ihrer »Geheimhaltung« wird mitunter eine unzeitgemäße Anmaßung, eine Nichtachtung der Informationspflicht der Öffentlichkeit gegenüber gesehen, vielleicht sogar ein Machtstreben: Mit Hilfe eines Wissens, das anderen

nicht zugänglich ist, solle Macht ausgeübt, sollten mindestens andere Menschen bevormundet werden. Aus solchen Vorstellungen heraus ist der Priesterschaft, die die Kurse von Anfang an unter Verschluß gehalten hat, mancher Vorwurf entstanden. Ich möchte die Gelegenheit benutzen, wenigstens hier ein paar erklärende Worte dazu zu sagen.

Die hier erwähnten Vorträge sind alle direkt oder indirekt mit der Begründung und Ausgestaltung des Kultus verbunden und nicht davon zu trennen: Sie enthalten z. B. die Wortlaute, welche dem erneuerten Kultus zugrundeliegen, oder bilden das »Vorfeld«, aus dem diese Wortlaute hervorgehen. Bei solchen Wortlauten aber handelt es sich ja nicht einfach um »Texte«, mit denen man sich im gewöhnlichen Sinne »beschäftigen« kann. Sie sind überhaupt erst das, was sie sind und sein sollen, wenn sie sich im lebendigen rechtmäßigen Vollzug und im mitvollziehenden Hören und Tun entfalten, eingehüllt in die ganze Wirklichkeit des damit verbundenen geistigen Geschehens. Solche Wortlaute nur zu lesen, hat keinen Sinn oder schadet sogar.

Wer mit den Wirklichkeiten und Kräften des Kultus umgehen will, braucht dazu Schulung und Übung; vor allem muß er sein ganzes Leben danach ausrichten. Das ist für den Priester Verpflichtung. Sich ohne diese Voraussetzungen und ohne die ihnen notwendige, angemessene Hülle den Wortlauten – die aber Wirklichkeiten und Kräfte sind – bedienen zu wollen, ist in keiner Weise ratsam. Und die Christengemeinschaft möchte dazu beitragen, daß Verständnis für diesen Tatbestand entsteht und daß der Schutz bestehen bleibt, den Rudolf Steiner übrigens auch selbstverständlich erwartete und der in der Sekretierung dieser Inhalte mitgegeben ist.

Zudem sei daran erinnert, daß die Kultushandlungen der Christengemeinschaft öffentlich sind. Sie sind nicht, wie im Urchristentum, nur den Gläubigen zugänglich oder vollziehen sich, wie in der orthodoxen Kirche, teilweise hinter der Bilderwand, der Ikonostase. Sie sind jedermann offen; sie werden in der jeweiligen Landessprache gefeiert, können also auch im Bewußtsein aufgenommen und verstanden werden. Insofern ist ein Grad von Öffentlichkeit gegeben, wie er früher kaum möglich war – nur ist dann nicht ein »Text« ohne »Hülle«, sondern immer die volle Wirklichkeit des Kultus da, mit allem Leben, das dazugehört: mit der anwesenden, betenden und mitwirkenden Gemeinde und dem handelnden Priester sowie den Ministranten, mit dem gesprochenen und gehörten Wort, mit all dem, was gesehen und durch die anderen Sinne wahrgenommen werden kann, mit dem ganzen »sinnlich-übersinnlichen« Gewebe von Handlungen, die sich da vollziehen, mit den Substanzen schließlich, mit denen das Erdenwesen in die Kultusvollzüge hineinreicht.

Wenn also der Wortlaut der zur Begründung der Christengemeinschaft gehörenden Vorträge von uns nicht veröffentlicht wird, so hängt dies nicht mit Machtstreben oder unzeitgemäßer Geheimhaltung zusammen, sondern mit dem Wesen des darin enthaltenen Kultus, der aber in dem beschriebenen Sinne vollkommen öffentlich ist. Es kann deshalb nicht Aufgabe der Christengemeinschaft sein, auch noch dem Druck anheimzugeben, was sich seinem Wesen nach im Vollzug offenbart, sich aber jeder schriftlichen Mitteilung entzieht.

Was im übrigen die Inhalte der Vorträge betrifft – so weit sie sich nicht auf den Kultus und sein lebendiges Geübtwerden beziehen –, so kann gesagt werden, daß diese Inhalte im wesentlichen auch sonst zu finden sind. Zu der Frage der Veröffentlichung führte Gottfried Husemann aus, »... daß das in diesen Vorträgen von Dr. Steiner Gegebene dem

Inhalte nach fast ausnahmslos in seinen übrigen anthroposophischen Vorträgen behandelt ist; dort aber eigentlich jedesmal ausführlicher und als in größeren Zusammenhängen stehend dargestellt. Wenn man die Fülle der Evangelien-Vorträge Dr. Steiners überdenkt – es gibt allein sieben Zyklen über das Johannes-Evangelium –, so ist von vornherein klar, daß Dr. Steiner über diese Dinge damals nur Andeutungen machen konnte. Außerdem finden sich in diesen Vorträgen seine Erläuterungen über Kultus, seine Anweisungen zur Seelsorge und Gemeindebildung und manches der Art, was nur für den Pfarrerberuf in Frage kommt und wovon Dr. Steiner mehrmals ausdrücklich sagte, daß es wichtig sei, diese Dinge auch in dem Kreise zu halten, für den sie gegeben sind und der damit arbeiten soll.«

48 Mit »Bewußtseinsseele« ist in der Anthroposophie die Seelenkraft gemeint, die sich vor allem seit Beginn der Neuzeit in der Menschheit entfaltet hat und insbesondere dazu beiträgt, eine von Stimmungen und Meinungen unabhängige Weltsicht zu ermöglichen; in der Bewußtseinsseele entfaltet das Ich die Fähigkeit, die Seelenkräfte in objektiver Art zu beherrschen, nicht von ihnen beherrscht zu werden. Siehe dazu Rudolf Steiner: Theosophie (GA 9), Kapitel »Das Wesen des Menschen«.

Auf die Verbindung von Vergangenheits- und Zukunftselementen in der Gestaltung der Menschen-Weihehandlung für die Christengemeinschaft wurde einmal wie folgt hingewiesen: »*Dieser Kultus berücksichtigt durchaus die historische Entwicklung der Menschheit*, trägt daher in vielen seiner Einzelheiten und auch in vielem, was in seiner Totalität auftritt, eine *Fortführung des Historischen* in sich; aber er trägt überall auch die Einschläge desjenigen, was sich erst heute dem übersinnlichen Bewußtsein aus der geistigen Welt

offenbaren kann.« (Rudolf Steiner, 3. März 1923 in Dornach, zitiert nach GA 265, S. 41)

49 Von hier aus wird verständlich, daß in nicht kleinen Kreisen der römischen Kirche ein Ungenügen an den neuen Handhabungen des Kultus, besonders auch am Wegfall des Lateins als Kultussprache, entstanden ist: man fühlt, daß nun etwas Entscheidendes fehlt. Dieses Ungenügen steht z. B. hinter den Bemühungen der Traditionalisten um Bischof Lefebvre.

50 Man kann hier an eine Antwort Rudolf Steiners an Marta Heimeran denken, als sie ihn fragte: »Ich will mich für die Erneuerung der *Kultur* einsetzen« –: »Wenn Sie die Kultur erneuern wollen, müssen Sie mit dem *Kultus* beginnen.«

51 Der siebenarmige Leuchter, der bei der Zerstörung des Tempels in Jerusalem (70 n. Chr.) von den Römern erbeutet wurde, ist auf dem entsprechenden Triumphbogen in Rom abgebildet: dem Titusbogen.

52 Offenbarung des Johannes 1, 12–13: »Und ich wandte mich um, zu sehen nach der Stimme, die mit mir redete. Und als ich mich wandte, sah ich *sieben goldene Leuchter*, und mitten unter den sieben Leuchtern einen, der war eines Menschen Sohne gleich, …«

53 In der römischen Messe ist diese Gliederung nicht so deutlich, obwohl sie dem Ablauf des Messegeschehens durchaus zugrundeliegt. Die Veränderungen, die seit dem zweiten Vatikanum mit der Messe vorgenommen wurden, vor allem viele Weglassungen im Ablauf der Messe, haben die Gliederung vollends verwischt.

54 Der Priester trägt beim Vollzug der Menschen-Weihehandlung: den schwarzen Talar, die (weiße) Alba, Gürtel und Stola, Casula,

Barett. Darin sind die verschiedenen »Wesensglieder« des Menschen in ihrer *idealen* Urgestalt angedeutet: z.B. deutet der schwarze Talar auf den sterblichen physisch-materiellen Leib des Menschen, die Alba auf die unvergänglichen, durch Christus vergeistigten und erhöhten Lebenskräfte hin.

55 Der Altar soll sein: eine Grabesstätte in Tischform.

56 Nähere Ausführungen darüber in Hans-Werner Schroeder, Das Evangelium im Jahreslauf, Stuttgart 1988
Es muß aber ausdrücklich vermerkt werden, daß auch eine andere Gliederung des Jahreslaufes möglich ist: nach den vier in Mitteleuropa hervortretenden Hauptjahreszeiten Frühling, Sommer, Herbst, Winter, denen die Feste Ostern, Johanni, Michaeli, Weihnachten entsprechen; sie zeichnen ein Kreuz in den Ablauf des Jahres; an diese Jahresgliederung knüpft Rudolf Steiner vielfach seine Darstellungen an.

57 Die Farben sind:
Advent – blau
Weihnacht – weiß / hell-lila
Epiphanias – purpur
Passion – schwarz
Ostern – rot / grün
Himmelfahrt – rot / gold
Pfingsten – weiß / goldgelb
Johanni – weiß / goldgelb (mit besonderen Figuren auf der Casula)
Michaeli – hellrot / hellgrün
Zwischenzeiten: lila / orange

58 Heute muß es sich mehr und mehr darum handeln, Kultus nicht nur auf »Treu' und Glauben«, sondern aus innerer Einsicht und verstehendem Bewußtsein heraus zu vollziehen. Dies ist heute vor allem mit Hilfe der Anthroposophie möglich und aufgrund der Erkenntnishilfen, die Rudolf Steiner bei der Begründung gab.

59 Pfarrer nehmen ihre Aufgaben in einzelnen Gemeinden wahr; die Gemeinden sind gebietsweise zusammengeschlossen – die Lenker haben ihre Aufgabe jeweils in einem solchen Gebiet. Die Oberlenker sind für das Ganze der Christengemeinschaft zuständig; s. auch S. 76f.

60 Daß diese Autorität des Papstes in der Praxis heute vielfach mißachtet wird, steht auf einem anderen Blatt. So wird die berühmte Verurteilung der »Pille« als Mittel zur Empfängnisverhütung durch Papst Paul VI. von unzähligen Katholiken nicht mehr befolgt, ohne daß das Konsequenzen hätte.

61 Daß Konfirmationen in der Regel von dem für das Gebiet zuständigen *Lenker* vollzogen werden, ist *Verabredung* im Priesterkreis; der Lenker kann aber den Vollzug der Konfirmation an einen anderen Priester übertragen, wenn dies nötig ist. Gleiches gilt für den Vollzug der Priesterweihe durch den Erzoberlenker.

62 Die Christengemeinschaft ist die erste christliche Kirche, die ihren Priestern Lehrfreiheit, ihren Gemeindegliedern Bekenntnisfreiheit gewährt. Dies hat im bisherigen Werdegang nirgends zu Schwierigkeiten geführt – in früheren Zeiten wäre es Anlaß zu Ketzerprozessen und Scheiterhaufen gewesen; »Lehrzuchtverfahren« und Lehrverbot gibt es auch heute noch in den beiden großen Kirchen.

63 Die Namen der Lenker in Anm. 81.

64 Man kann die hier auftretenden Bindungen mit denen vergleichen, die etwa in einer Familie entstehen und die den eigenen Handlungsspielraum entschieden einengen, ohne daß dies im allgemeinen als unzumutbar empfunden wird. In anderen Berufen sind solche Bindungen oft sogar noch drastischer.

180

65 Die Schriften von Michael Bauer erscheinen z.Zt. im Verlag Urachhaus: Michael Bauer, Gesammelte Werke, 6 Bde, Stuttgart 1985 ff.

66 Albert Steffen (1884–1963) wurde nach dem Tode Rudolf Steiners dessen Nachfolger im Amt des Vorsitzenden der Allgemeinen Anthroposophischen Gesellschaft. – Emil Bock gibt in: Wir erlebten Rudolf Steiner, a.a.O., S.45, folgende Schilderung von Breitbrunn: »Es war eine besondere Gunst des Schicksals, die unseren Kreis im August 1922 nach Breitbrunn an das damals noch ganz stille Gestade des Ammersees in Oberbayern führte. Dort lebten Michael Bauer, durch den Rittelmeyer vor mehr als einem Jahrzehnt den Weg zu Rudolf Steiner gefunden hatte, und Margareta Morgenstern, die Witwe des Dichters. Zusammen mit anderen Freunden hatten sie, die einen besonderen Herzensanteil an unserem Vorhaben nahmen, alles für uns vorbereitet. In einem ausgeräumten Kuhstall war ein Raum für unsere Zusammenkünfte eingerichtet und geschmückt. Eine feierlich-freudige Erwartungsstimmung erfüllte und verband uns ... Es kam etwas auf uns zu, so wie es wohl von einer Frau empfunden wird, die ein Kind erwartet. War nicht der Stall ein rechtes Bethlehem-Motiv? Wesenhaft überschwebte uns das Geistige, dem wir uns anschickten, eine irdische Wohnstadt und Leiblichkeit zuzubereiten. Es schien sich uns in den Urbildlichkeiten zu spiegeln, von denen die Landschaft durchwoben war: der blaue See in der Nähe und in der Ferne die Berge mit ihren weißen Häuptern. Wie in ein allgegenwärtiges Galiläa waren wir versetzt. Dazu fühlten wir, wie durch Christian Morgenstern, der uns als Genius und durch die Gattin auch als Mensch nahe war, sowie durch Michael Bauer, durch dessen fast schon zerbrechende Leiblichkeit das warme Gold durchchristeter Seele hindurchleuchtete, ganze Geist- und Christussehnsüchtige Strömungen der Menschheitsgeschichte ihre Patengaben an der Krippe eines neuen Weihnachtsgeschehens niederlegen wollten.«

Alfred Heidenreich schreibt dazu in: Growing Point, S.26 bzw. 46 f.: »Schließlich, in der zweiten Hälfte des August 1922, versammelte sich eine ausgewählte und stark reduzierte Gruppe in dem kleinen Dorf *Breitbrunn*, zweiunddreißig Kilometer westlich von München, am Ufer des Ammersees, zu Füßen der bayrischen Alpen, zu ihrem letzten Treffen vor der Begründung. Eine der bedeutenden Gestalten der anthroposophischen Bewegung, Michael Bauer, der einer der intimsten Schüler Rudolf Steiners und ein Freund des Dichters Christian Morgenstern war, wohnte in Breitbrunn. Er lebte dort im Ruhestand. Frau Margareta Morgenstern, die Witwe des Dichters, pflegte ihn. Er sprach nur wenig, es war aber ein tiefes Erlebnis, ihn durch seinen Obstgarten gehen zu sehen, denn er schien ein persönlicher Freund aller seiner Bäume zu sein. ... Eines Tages machte er eine Bemerkung, die unauslöschlich in meine Seele eingeprägt ist: ›Christus ist das heimatlichste Wort der Welt, selig derjenige, der das versteht.‹ Frau Morgenstern und er, insofern seine Kräfte es ermöglichten, hatten unseren Besuch vorbereitet. Ich werde im nächsten Kapitel mehr darüber schreiben. ... Unser Kursraum war ein überflüssig gewordener Kuhstall, der eine gewölbte Decke und echte Fenster hatte. Die eingebauten Krippen waren mit Stroh gefüllt, daß wir auf ihnen und auf ein paar von den Bauern geliehenen Stühlen sitzen konnten. Der Tisch, der in der Mitte stand, war aus rohen Brettern gefügt. Das Ganze war mit grünen Zweigen und einigen Bildern geschmückt. Der Kuhstall diente als ein kühler und freundlicher Saal, der für eine Versammlung armer Leute ganz geeignet war. ...«

(Vorher hat Heidenreich geschildert, wie die Inflation alle in tiefste Armut gestürzt hatte.) »Wir versammelten uns jeden Tag für drei Wochen. Wir lasen den Text der Menschenweihehandlung, obwohl wir noch keine Vollmacht hatten, sie zu zelebrieren. Wir hielten untereinander kleine Referate und Gespräche und tauschten unsere Pläne und Hoffnungen für die Zukunft aus. Der Unterschied unserer Lebensalter war ganz offensichtlich eindrucksvoll und traf uns persönlich auf verschiedene Weise. Rudolf von Koschützki hat geschildert, was er spürte, als er zum erstenmal in unseren Kreis trat: ›Ich befand mich in einer merkwürdigen Dualität. Wenn ich einen Referenten anschaute, sagte ich mir: Der ist ein Student. Aber wenn ich die Augen zumachte, mußte ich mir sagen: Der ist ein Professor, und zwar ein echter, der mit sachverständiger Erkenntnis, aber auch mit Bescheidenheit spricht. Ich habe nie solch eine eindrucksvolle Versammlung in meinem ganzen Leben erlebt.‹ Vom Gesichtspunkt seiner 57 Lebensjahre konnte er das wahrnehmen, wovon wir nichts wußten. Aber es muß gesagt werden, daß wir während der übrigen Zeit überhaupt keine Professoren waren. Am Abend waren Geige, Flöte und Gitarre die Hauptsache, und unser Gesang schwebte über den See. ...«

67 Über den Anfang in Rostock z. B. berichtet Joachim Sydow in der Zeitschrift »Die Christengemeinschaft«, 26.Jg., S.223f.: »Wir hatten unser Heim im obersten Stock einer Volksschule am Alten Markt. Dort fand an einem schönen Vorsommertage ein mich so sehr langweilender sogenannter Nestabend der Wandervögel statt, daß ich mich hinterher nach einem Betätigungsfeld für meinen ungestillten Tatendrang umschaute. Da erblickte ich in einer Ecke des Alten Marktes eine Schar von Kindern. Wie andere Studenten in der Hand oder unter dem Arm einen Stock tragen, so pflegte ich damals nicht auszugehen, ohne mir vorher meine lange Querflöte in meinen linken Ärmel gesteckt zu haben, spielte den Kindern einige Lieder, sang mit ihnen und erzählte ihnen ein Märchen. Es gesellten sich immer mehr dazu, so daß wir hinterher noch einen richtigen kleinen Umzug durch die Altstadt veranstalten konnten. Das war der Schneeball, der ungewollt eine Lawine auslöste. Wer die größere Freude an diesem Betrieb hatte, die Kleinen oder wir, wer vermöchte es zu sagen. Kurzum, es ergab sich, daß wir von nun an regelmäßig in jeder Woche an einem Abend auf den Alten Markt zogen und bald Hunderte von Kindern um uns versammelten. Ich konnte mich in jener Zeit nicht in dem Stadtteil sehen lassen, ohne daß mir ein paar Jungen oder Mädel entgegengelaufen kamen, laut schreiend: ›Djanken kümp! Djanken kümp‹... Bald war ich umlagert. – Unsere Arbeit, die wir sehr ernst auffaßten, wurde allmählich stadtbekannt, und der ›Anzeiger‹ brachte sogar einen längeren Artikel über den ›Rattenfänger von Rostock‹...

Außerdem gab es zu Pfingsten vierzehn Tage lang einen riesigen Jahrmarkt ... Wir errichteten unsere Bude gegenüber dem Petri-Kirchturm und spielten fast jeden Nachmittag Kasperle zwei bis drei Stunden vor so großen Scharen, daß sich sogar Nachbarbudenbesitzer über den angeblich unlauteren Wettbewerb beschwerten ... Bald kamen Anfragen aus allen Teilen des Landes ... Ein Student der Theologie im letzten Semester als Theaterdirektor. Das hatte es noch nie gegeben in Mecklenburg ...«

Aus anderen Berichten klingt mehr die Mühsal und Enge des ganz kleinen Anfangs durch.

68 Johannes Hemleben war durch Bücher und Vorträge bis zu seinem Tode eine der nach außen wirksamsten Persönlichkeiten

im Priesterkreis. Vor allem auch seine bei Rowohlt erschienenen Bildmonographien haben seinen Namen weithin bekannt gemacht. Hemleben war seit 1947 Lenker in Norddeutschland. Seine Schriften:

Symbole der Schöpfung, Stuttgart 1931
Rudolf Steiner in Selbstzeugnissen und Bilddokumenten, Reinbek 1963
Ernst Haeckel in Selbstzeugnissen und Bilddokumenten, Reinbek 1964
Rudolf Steiner und Ernst Haeckel, Stuttgart 1965, [2]1968
Teilhard de Chardin in Selbstzeugnissen und Bilddokumenten, Reinbek 1966
Darwin in Selbstzeugnissen und Bilddokumenten, Reinbek 1968
Galilei in Selbstzeugnissen und Bilddokumenten, Reinbek 1969
Biologie und Christentum, Stuttgart 1971
Johannes Kepler in Selbstzeugnissen und Bilddokumenten, Reinbek 1971
Johannes der Evangelist in Selbstzeugnissen und Bilddokumenten, Reinbek 1972
Paracelsus, Frauenfeld und Stuttgart 1973
Das Christentum in der Krise, Stuttgart 1974
Der Mensch und sein Erdenschicksal, Stuttgart 1974, [4]1980
Jenseits. Ideen der Menschheit über das Leben nach dem Tode, Reinbek 1975
Urbeginn und Ziel, Stuttgart 1976, [2]1985
Niklaus von Flüe. Der Heilige der Schweiz, Frauenfeld 1977
Das haben wir nicht gewollt, Stuttgart 1978
Diesseits. Vom Lesen im Buch der Natur, Reinbek 1980

69 Über die Begründung der Arbeit in den Niederlanden s. Anm. 29, über ihre Entwicklung s. das Buch von Arie Boogert, vgl. Anm. 1.

70 Über die Arbeit in Großbritannien s. das Buch von Alfred Heidenreich, vgl. Anm. 1.

71 Joachim Sydow berichtet in der Zeitschrift »Die Christengemeinschaft«, 19. Jg.

S. 137: »Im Anfang des Jahres 1923 waren einige von uns jüngeren Mitarbeitern in der kleinen Wohnung von Karl Stegmann in der Ackermannstraße zu Hamburg versammelt. Gedanken der eben geschilderten Art bewegten uns. Wir wollten die Jugendbewegung zu einer Pfingsttagung einladen. Wir überwanden alle Zaghaftigkeit, die Tagung wurde ein voller Erfolg. An 250 Jugendliche erschienen und gingen zum größten Teil begeistert mit. Wohl mag es vielen so ergangen sein wie jenem alten Ökonomierat, der mir nach meinem ersten öffentlichen Vortrag in Rostock sagte: ›Verstanden habe ich zwar nicht, was Sie wollen, aber gemerkt habe ich doch, daß‹ hinter Ihren Worten eine große Sache steht.‹ Aber es ergab sich ganz von selbst, daß wir am Ende dieser Jugendtagung gleich eine nächste verabredeten, nämlich Michaelis 1923 in Rostock. Und so ging es weiter über die Kasseler Tagung in Schnee und Eis (Januar 1924), bei welcher auf einem lustigen geselligen Abend feierlich das ›Begräbnis der Jugendbewegung‹ vorgeführt wurde (anschließend aber auch ihre Auferstehung), bis zu der ersten Nürnberger Tagung (Ostern 1924), die schon einen Übergang zu den großen allgemeinen Tagungen der Christengemeinschaft darstellte. Mit diesen Tagungen hatten wir einer Schicksalspflicht genügt; viele Angehörige der alten Jugendbewegung hatten durch sie zu uns gefunden. Unser Name ›Die Christengemeinschaft‹ hatte einen guten Klang bekommen, auch dort, wo man uns ablehnte. Mehr war im Augenblick nicht zu erreichen.

Eine neue Welle von Jugendtagungen begann Pfingsten 1926 in Eisenach. Jetzt wandten wir uns an Jugendliche. (Es kamen, wie damals einer sagte, junge Menschen jeden Alters zwischen 17 und 70, aber den Ton gab doch die wirkliche Jugend an.) Das ging in immer sich steigerndem Schwung bis zur zweiten Großheidorner Pfingstjugendtagung, die schon nach 1933 stattfand, als es immer mehr galt, gegen den Strom zu schwimmen.«

72 Während Rittelmeyers Frau den Schritt in das unbekannte Neue mit ganzem Herzen an der Seite ihres Mannes mitvollziehen konnte, war dies für Geyers Frau so nicht möglich: sie hatte starke Vorbehalte, diesen Schritt zu tun. Aber auch Geyer selbst hatte schließlich Bedenken: er konnte sich nicht vorstellen, die für den Kultus gegebenen Gewänder zu tragen und anders als im protestantischen schwarzen Talar vor der Gemeinde zu erscheinen. Geyer starb 1929.

73 Vortrag vom 30.12. 1922 (GA 219): Als Träger der anthroposophischen Arbeit kann man nicht in der religiösen Bewegung »untertauchen« – dieses Bild ist charakteristisch, meint aber nicht – wie aus anderen Äußerungen Rudolf Steiners hervorgeht –, daß man sich der Christengemeinschaft nicht zuwenden dürfe. Das Zusammenwirken beider Bewegungen, die als Bewegungen reinlich getrennt sein müssen, wird mit dem von Blut- und Nervensystem im menschlichen Leib verglichen; s. auch Anm.44.

74 Siehe Anm.41.

75 Im Jahr 1950 fanden Gespräche zwischen Vertretern der Evangelischen Kirche in Deutschland und der Christengemeinschaft über die Taufe statt; sie führten zu dem genannten Ergebnis, da die Taufe der Christengemeinschaft die trinitarische »Taufformel« dem Wortlaut nach nicht enthält, wohl aber voll dem inneren Sinne nach.

Wie die Angelegenheit von der Evangelischen Kirche aufgefaßt wird, geht aus der Darstellung im »Handbuch Religiöse Gemeinschaften: Freikirchen …«, hrsg. von H.Rellers und M.Kießig, Gütersloh ³1985, hervor: »Von seiten der evangelischen Kir-

che blieb das Verhältnis zur CG lange Zeit ungeklärt. 1948/49 befaßte sich eine Kommission der Studiengemeinschaft der Evangelischen Akademien mit dem Verhältnis von CG und Kirche. Aufgrund des erarbeiteten Gutachtens beschloß der Rat der EKD am 31. Mai 1949, ›die in der Christengemeinschaft vollzogene Taufe nicht als christliche Taufe anzuerkennen und eine Klärung der Abgrenzung der EKD und ihrer Gliedkirchen von der Christengemeinschaft mit geistlichen und seelsorgerlichen Mitteln herbeizuführen‹ (Hutten, Seher …, 12.Aufl., S.711). Hauptbegründung für diese Abgrenzung war, daß in der CG eine neue Offenbarungsquelle, die Anthroposophie Rudolf Steiners, neben die Bibel tritt. – 1950 wurde nach nochmaligen Gesprächen mit leitenden Theologen der CG der Ratsbeschluß wiederholt. Die Führung der CG bemerkte zu dieser Stellungnahme, die Kirche entscheide sich damit gegen ihre eigene Zukunft. ›Man kann … mit Recht von einer neuen Offenbarungsquelle sprechen, die durch das Lebenswerk Rudolf Steiners erschlossen ist. Aus dieser Quelle fließt aber kein Dogma. Sie gibt nicht »Offenbarung«, … sondern sie erweckt und pflegt im Menschen zugleich ein Organ für Offenbarung …‹ (Die Christengemeinschaft, Heft 5/6 in Ev. und CG, 57). Seit 1962 sind neue Gespräche zwischen evangelischer Kirche und CG aufgenommen worden. Die Bischofskonferenz der VELKD sowie der Rat der EKD haben sich 1968 und 1969 erneut mit der Frage befaßt. Beide Gremien sahen sich nicht veranlaßt, von der Entscheidung vom 31. Mai 1949 abzugehen, da in der Zwischenzeit keine wesentliche Neuentwicklung innerhalb der CG eingetreten sei, die sich vor allem auf die Taufpraxis ausgewirkt hätte. Doch solle damit die weitere Besinnung über das Verhältnis der evangelischen Kirchen zur Christengemeinschaft nicht abgeschnitten sein.«

76 Damals rückte Gertrud Spörri anstelle von J.W. Klein zum dritten Oberlenker – neben Rittelmeyer und Bock – auf. Zugleich traten Rudolf Frieling und Gottfried Husemann als neue Lenker hinzu, um gemeinsam die entstehende Lücke zu füllen.

77 Nun wurde Gottfried Husemann Oberlenker.

78 Die Hierarchie hatte jetzt folgende Zusammensetzung: Neben Emil Bock standen Gottfried Husemann und Alfred Heidenreich als Oberlenker; sie bildeten mit den Lenkern Perthel, Doldinger, Frieling und Heinrich Ogilvie (der nun hinzutrat) den Siebenerkreis. Außerdem werden jetzt zu Lenkern berufen: Eduard Lenz, Ludwig Köhler, Martin Borchart. Dadurch wird über die ursprüngliche Siebenzahl hinaus ein Lenkergremium geschaffen, das in den wachsenden regionalen Aufgaben, aber auch in der zentralen Leitung mitwirkt.

79 Der Mond durchzieht in 28 Tagen den Tierkreis und hat dabei viele wechselnde Stellungen am Sternenhimmel: er steht höher oder tiefer in den jeweiligen Sternbildern, seine Bahn ist auf- oder absteigend, steiler oder flacher in ihrem Verlauf. Erst nach 18 Jahren, 7 Monaten, 6 Tagen erreicht er exakt wieder einen Punkt, an dem er sich schon einmal befunden hat – nun beginnen die wechselnden Stellungen in derselben Folge von neuem. Dieser Rhythmus von etwa 18½ Jahren heißt »Mondknoten-Rhythmus«; er spielt in sehr vielen Biographien – auch in der Doppelung (38. Jahr) usw. – eine wichtige Rolle und ist meist mit Krisen und Umbrüchen verbunden. Vgl. Wilhelm Hoerner, Zeit und Rhythmus, Stuttgart 1983.

80 Die Entwicklung der Hierarchie stellt sich im Überblick so dar:
1922: drei Oberlenker – ein Titularoberlenker – drei Lenker (Siebenerkreis): s. S.72,

1925: Erhebung Friedrich Rittelmeyers vom Oberlenker zum Erzoberlenker,
1929: Ausscheiden Johannes Werner Kleins; Gertrud Spörri tritt an seine Stelle; Rudolf Frieling und Gottfried Husemann werden Lenker,
1933: Ausscheiden Spörris; an ihrer Stelle wird Husemann Oberlenker,
1938: Tod Rittelmeyers, Emil Bock wird Erzoberlenker, Alfred Heidenreich neben Husemann Oberlenker; Eduard Lenz wird nun der vierte Lenker im Siebenerkreis.

Dazu treten vier weitere Lenker, die nicht dem Siebenerkreis angehören: Heinrich Ogilvie, Ludwig Köhler, Martin Borchart, Robert Goebel; die erste entscheidende Erweiterung der Hierarchie ist damit vollzogen.
1949: Im Siebenerkreis sind jetzt Bock (Erzoberlenker), Heidenreich und Husemann (Oberlenker), Doldinger, Frieling, Ogilvie und Borchart (Lenker).

Es treten wiederum – wie auch in den folgenden Jahren – Lenker in regionaler Verantwortung hinzu; ein wichtiger weiterer Schritt erfolgte, als (nach Gertrud Spörri erstmals) auch Nicht-Deutsche in die Leitung berufen wurden: z.B. 1962 Oliver Matthews (Großbritannien), 1969 Karl Engqvist (Schweden).

Weitere wichtige Schritte sind:
1959: Tod Bocks. Frieling wird Erzoberlenker, neben ihm stehen weiterhin Husemann und Heidenreich als Oberlenker.
1974: Nach dem Tode Heidenreichs und Husemanns konfiguriert sich der Siebenerkreis wie folgt: R.Frieling (Erzoberlenker), R.Goebel und R.Kochler (Oberlenker), L.Köhler, J.Hemleben, J.Lenz, E.Köner (Lenker).

(Mit Johannes Lenz und Erhard Kröner sind erstmals Persönlichkeiten im Siebenerkreis, die nicht mehr der Begründergeneration angehören, zu der R.Goebel und J.Hemleben noch zu zählen sind, obwohl sie erst kurz nach 1922 hinzukamen.)

1979: Es treten anstelle von R. Goebel und R. Koehler, die im vorgerückten Alter sind, als Oberlenker J. Lenz und H.-W. Schroeder; Frau Vietor-Fischer tritt anstelle von J. Lenz als Lenker in den Siebenerkreis.

1981/1985: Aus Altersgründen übergeben Hemleben (1981) und L. Köhler (1985) ihre Verantwortung im Siebenerkreis an Maarten Udo de Haas bzw. an Andreas Weymann.

81 Hier seien noch die Namen der gegenwärtig (1990) wirkenden Lenker genannt:
Nordische Länder – Felix Niericker (Stockholm),
Niederlande und Belgien – Maarten Udo de Haas (Den Haag),
Großbritannien – Louise Madsen (London),
Frankreich – Michael Heidenreich (Pforzheim),
Schweiz – Johannes Lenz (Stuttgart),
Österreich – Andreas Weymann (München),
Deutsche Demokratische Republik – Christoph Heyde (Leipzig),
Nordamerika – Robert Patterson (Chikago),
Südamerika – Maarten de Gans (Buenos Aires),
Südafrika – Julian Sleigh (Alpha Kapstadt),
Australien und Neuseeland – Michael Tapp (Auckland),
Norddeutschland – Wolfgang Gädeke (Kiel),
Rhein-Ruhr – Johannes Lauten (Essen),
Hessen – Joachim Grebe (Frankfurt a. M.),
Baden – Michael Heidenreich (Pforzheim),
Württemberg – Christian Thomas (Stuttgart),
Bayern – Andreas Weymann (München).

82 Hier liegt der Unterschied zur »Einweihung«, in der der Mensch durch Steigerung seiner eigenen geistigen Kräfte zum Träger des Geistes wird; die dem Priestertum zugrundeliegende »Weihe« ist nicht Einweihung des einzelnen; sie kann aber als Einweihung aufgefaßt werden, die einer Gruppe, einer Gemeinschaft zuteil wird, der nicht egoistische oder irdische Interessen zugrunde liegen, sondern der Wille, dem Göttlichen nach Kräften zu dienen.

83 Johannes Lenz, Priestertum im 20. Jahrhundert, Stuttgart 1988

84 Wir können hier auch daran erinnern, daß Christus selbst eine Menschen*gemeinschaft* bildet, bevor er mit der eigentlichen Wirksamkeit beginnt: Er erwählt die zwölf Jünger und schafft damit einen *Kreis*, der nun die von ihm ausgehenden Kräfte aufnimmt und gleichsam vervielfältigt weitergibt. Dieses »*Schaffen*« einer Gemeinsamkeit von zwölf Menschen tritt an der entsprechenden Stelle im Lukas-Evangelium deutlich hervor, denn der griechische Text verwendet hier ausdrücklich das Wort für »schaffen, bilden, wirken« (poiein): er »bildet die Zwölf« heißt es da (Luk. 6,13). Ähnlich sehen wir, daß die Zwölfheit, die nach dem Ausscheiden des Judas unvollständig geworden ist, erst ergänzt werden muß, bevor das Pfingstereignis eintreten kann: der Kreis muß wieder geschlossen werden, um die volle Wirksamkeit entfalten zu können. Überall fußt das Christusgeschehen auf der Gemeinschaft von Menschen. Goethe hat dies in schöner Weise so ausgedrückt: »Der Einzelne vermag nichts...«

85 Die »Bewußtseinsseele«, die heute in der Menschheit entwickelt wird (s. Anm. 48), ist *zunächst* nicht sozial ausgerichtet: sie steigert ja gerade die individuellen Kräfte und damit zunächst auch den Egoismus im Menschen und die Einsamkeit. In unserer Zeit gibt es deshalb zwar eine große *Sehnsucht* nach Gemeinschaft – noch nie aber war die Fähigkeit zur echten Gemeinschaft geringer als heute. Da hilft es auch wenig, Gefühle, Stimmungen zu mobilisieren, um Gemeinschaftserlebnisse heraufzurufen, wie es oft versucht

wird: das bringt letztlich nicht Gemeinschaft, sondern illusionäre Gruppenbildungen, die im Ernst nicht tragen, oder es bringt – was schlimmer ist – eine Gruppe hervor, in welcher der einzelne verschwindet: die Masse. Beide Tendenzen liegen *auch* in unserer Zeit. Das heißt nicht, daß Gefühle gerade im religiösen Leben nicht eine herausragende Bedeutung haben; so spricht z. B. unser Credo da, wo es sich um Kirche und Gemeinschaftsbildung handelt, ausdrücklich von denen, die »den Christus in sich fühlen, dürfen sich vereinigt fühlen in einer Kirche ...«. Allerdings muß das Gefühlselement, wenn es echt und stark sein soll, heute auch im religiösen Leben ausgewogen werden durch ein klares, waches Erkenntnisleben, sonst entartet es zu Sentimentalität und Schwärmerei.

86 Es darf noch darauf hingewiesen werden, daß auch die Naturwesen (die sogenannten »Elementarwesen«), welche in vielfältiger Weise die Naturreiche durchdringen, am Kultusgeschehen Anteil nehmen; ja sie ziehen geradezu die Kraft zu ihrem Wirken, ihre »Nahrung«, aus dem erneuerten Kultus; s. Rudolf Steiner, Die Weltgeschichte in anthroposophischer Beleuchtung und als Grundlage der Erkenntnis des Menschengeistes (GA 233).

87 Man kann solche Engel geradezu als »Teil des Christus« bezeichnen, wie es Rudolf Steiner einmal getan hat; denn in der geistigen Welt gibt es nicht wie in der irdischen Trennung, sondern Durchdringung der Wesen.

88 Siehe Hans-Werner Schroeder, Mensch und Engel. Die Wirklichkeit der Hierarchien, Stuttgart [3]1988

89 Hier muß allein der freie Wille des einzelnen entscheiden; freilich gehört zur wahren Freiheit *Bewußtsein*, was man tut; wer nur die Gaben eines anderen entgegennimmt, ohne zur Gegengabe bereit zu sein, wird auf die Dauer etwas schuldig bleiben und sich dessen bewußt werden können.

90 Das hier gemeinte Geschehen bildet die Zukunft von Menschheit und Erde vor; was als »Neues Jerusalem« in der Offenbarung des Johannes als Ergebnis der Erdenentwicklung erscheint, geht daraus hervor.

91 Siehe Hans-Werner Schroeder, Das Gebet. Übung und Erfahrung, Stuttgart [3]1988; Das christliche Bekenntnis. Ein Übungsweg, Stuttgart [2]1988; Das Evangelium im Jahreslauf. Eine Herausforderung unseres Bewußtseins, Stuttgart 1988.

92 An vielen Orten finden auch wochentags, in den größeren Gemeinden täglich Weihehandlungen statt. Gleichwohl gilt das hier Gesagte für die große sonntägliche Gemeinde-Weihehandlung.

93 Die Mitgliedschaft hat eine religiöse, soziale und wirtschaftliche Seite. Den religiösen Aspekt haben wir gerade dargestellt; von den »sozialen Aufgaben« wird noch zu reden sein. Der Wille, als Mitglied auch äußerlich mitzutragen, drückt sich im finanziellen Beitrag (Mitgliedsbeitrag) aus, dessen Höhe übrigens ganz freigestellt ist, der aber den Bestand der Gemeinde in wirtschaftlicher Hinsicht sichern hilft.

94 Zur Unterscheidung von Gebet und Meditation s. Hans-Werner Schroeder, Das Gebet. Übung und Erfahrung, Stuttgart [3]1988

95 Friedrich Rittelmeyer gibt dazu an das Evangelium anschließende Anregungen in seinem Buch: Meditation, Stuttgart [12]1989. Grundlegend ist die Darstellung Rudolf Steiners in: Wie erlangt man Erkenntnisse der höheren Welten? (GA 10).

96 Der Kultus selbst ist keine Meditation, die ja gerade mit der Abkehr von allen äußeren Eindrücken beginnt, während Kultus auf der

vergeistigten Sinneserfahrung (Sehen, Hören, Riechen usw.) beruht. Wer aber gelernt hat zu meditieren, wird eine höhere Konzentrationskraft dem kultischen Geschehen gegenüber aufzubringen vermögen. Deshalb wohl hat Rudolf Steiner davon gesprochen, daß Meditanten Helfer der Christengemeinschaft sein können. Sind doch Ehrfurcht und Devotion der Ausgangspunkt jeder meditativen Bemühung, wie sie andererseits auch die Ausgangsstimmung des Kultus sind, was am Beginn der Menschen-Weihehandlung ausdrücklich hervorgehoben wird. Nicht richtig ist, auf diesem Felde *Wertungen* einzuführen: als könne der eine »mehr« und der andere »weniger« beitragen; jeder trägt bei, was *er* leisten kann aus der Frömmigkeit und Kraft *seiner* Seele – vor Gott wird dies gleich gewichtig sein.

97 Das Credo wird den Mitgliedern zum persönlichen Gebrauch übergeben. Literatur dazu s. Anm. 91.

98 In der Taufe heißt es z. B. ausdrücklich, daß das sakramentale Geschehen »vor und *mit*« den Anwesenden vollzogen wird.

99 Es kann hier nur andeutungsweise von der Frage gesprochen werden, ob und in welchem Sinne die Christengemeinschaft »Kirche« ist. Je nachdem auf welchen Aspekt der Frage man hinschaut, wird man zu unterschiedlichen Ergebnissen kommen: ob man Kirche als äußere, starre Institution versteht, die vor allem »verwaltet« wird, oder wie Paulus – als »Leib Christi«.

100 Emil Bock, Die neue Reformation, Stuttgart 1953.

101 Luther wollte zunächst auch die Beichte als Sakrament beibehalten, hat dies aber dann aufgegeben. Als Sakrament gilt nur, was aus der »Schrift« (Evangelium) als von Christus eingesetzt abgeleitet werden kann: Taufe und Abendmahl.

102 Das »zweite Vatikanum«, das letzte, ursprünglich von Papst Johannes XXIII. einberufene Kirchenkonzil in Rom, das Paul VI. zu Ende führte, hat so starke Eingriffe in Ablauf und Gestalt der Sakramente vorgenommen, daß auch auf katholischer Seite vom Verlust der Sakramente gesprochen wird; Zugeständnisse an die heutige Bewußtseinslage der Gemeinde und Unverständnis für die wahre Bedeutung vieler kultischer Traditionen haben zu diesem tragischen Ergebnis geführt; s. Anm. 109.

103 Kein Mitglied wird auf ein Bekenntnis, auch nicht auf die Sätze des »Credo«, verpflichtet. Das Zusammenhaltende liegt im Feiern der Sakramente. Pfarrer haben Lehrfreiheit, soweit sie nicht dem Kultus widersprechen. Auch hier liegt das Zusammenhaltende im Zelebrieren der Sakramente.

104 Joachim von Fiore, italienischer Abt, gest. 1210.

105 Wir lassen hier die Entwicklung der östlichen (orthodoxen) Kirche, die etwas andere Wege gegangen ist, außer acht.

106 Daß Johannes in der Zeit der »Wiederkunft Christi« besonders hervortreten soll, geht aus dem Schluß des Johannes-Evangeliums selbst hervor; dort sagt Christus von Johannes: » … wenn ich will, daß er bleibe (warte), bis ich (wieder-)komme…« (Joh. 21, 22). Dies muß sich also in unserer Gegenwart erfüllen.

107 Es darf z. B. daran erinnert werden, daß Rittelmeyer der Entdecker der sieben »Ich-bin-Worte« im Johannes-Evangelium ist und überhaupt an diesem Evangelium seine religiöse Kraft entfaltet hat. Aber auch Emil Bock, Rudolf Meyer (Die Wiedergewinnung des Johannesevangeliums, Stuttgart 1962), Hermann Beckh (Der kosmische Rhythmus im Johannes-Evangelium, Basel 1930) und vor allem Rudolf Frieling haben, wie viele

andere ebenfalls, unermüdlich am Johannes-Evangelium weitergearbeitet. Mit einem gewissen Recht wird Johannes als *der* Evangelist für die Verkündigung der Christengemeinschaft bezeichnet – allerdings nicht im Sinne einer Geringschätzung der anderen drei Evangelien.

108 Paulus hat dies in dem berühmten Wort »Nicht ich, sondern der Christus in mir« ebenfalls ausgesprochen.

109 Was der Messe dadurch verlorengegangen ist, daß man das Lateinische als Kultussprache aufgegeben hat zugunsten eines sogenannten besseren Mitfeiern-könnens von seiten der Gemeinde, wurde schon besprochen. Auch daß die Messe heute offiziell abends gefeiert werden darf, deutet auf den Verlust des alten Wissens; denn der christliche Gottesdienst, der die Wandlung (Transsubstantiation) von Brot und Wein enthalten soll, kann nur mit aufsteigender Sonne vollzogen werden. Dieser Zusammenhang von Sonnenkräften im Wechselspiel mit der Erde ist offenbar nicht mehr bewußt. Wo dieses Bewußtsein gegenüber den zentralen Sakramenten verschwunden ist, sind auch Rettungsversuche müßig, wie sie heute z. B. von Schülern Valentin Tombergs versucht werden.

110 Es soll aber auch ausdrücklich vermerkt werden, daß damit nicht die großen Verdienste und positiven Möglichkeiten geschmälert sein sollen, die auch heute noch in den Kirchen lebendig sind. Vor allem der Einsatz auf sozialem Feld – z. B. in den Missionsgebieten – ist bewundernswert; und überall kann man immer wieder die wertvollsten menschlichen Begegnungen haben und sich bereichert sehen durch vieles, was man im Schicksalsfeld der heutigen Kirchen geistig und menschlich erfahren kann. Siehe dazu auch das weiter unten über »Toleranz« Gesagte.

111 Z. B. Emil Bock, Das Evangelium. Betrachtungen zum Neuen Testament, Stuttgart 1984; Apokalypse. Betrachtungen über die Offenbarung des Johannes, Stuttgart ⁴1982; Rudolf Frieling, Gesammelte Schriften zum Alten und Neuen Testament, Bde. I–IV, Stuttgart 1982–86; Diether Lauenstein, Der Messias. Eine biblische Untersuchung, Stuttgart 1971; Eduard Lenz, Betrachtungen über das Matthäus-Evangelium, Stuttgart 1990; Peter Müller, Der Soma-Begriff bei Paulus, Stuttgart 1988; Christoph Rau, Das Matthäus-Evangelium. Entstehung – Gestalt – Essenischer Einfluß, Stuttgart 1976; Struktur und Rhythmus im Johannes-Evangelium, Stuttgart 1972; Friedrich Rittelmeyer, Ich bin. Reden und Aufsätze über die sieben »Ich-bin«-Worte des Johannesevangeliums, Neuausgabe Stuttgart 1986; Hans-Werner Schroeder, Dreieinigkeit und Dreifaltigkeit. Vom Geheimnis der Trinität, Stuttgart 1986; Alfred Schütze, Vom Wesen der Trinität, Stuttgart ²1980; Kurt von Wistinghausen, Der verborgene Evangelist. Studie zur Johannes-Frage, Stuttgart 1983.

112 Dieser Standpunkt kann durch den Gedanken gestützt werden, daß der Mensch nicht nur einmal auf der Erde ein Schicksal hat; wer also in diesem Leben keine wirkliche Begegnung mit dem Christentum haben konnte, wird sie vielleicht im nächsten haben. Das darf allerdings nicht heißen, daß man sich mit geistigen Entscheidungen Zeit läßt. Was in einem Erdenleben an Wichtigem – z. B. in der Zuwendung zu Christus – versäumt wurde, kann nur unter Schmerzen in einem nächsten Leben nachgeholt werden.

113 Allerdings ist in letzter Zeit auch die Sehnsucht und das Suchen nach echter Religiosität im Wachsen, was sich im Entstehen vieler religiöser und pseudo-religiöser Sondergruppen und okkulter Bewegungen zeigt. Gleichzeitig ist die Abneigung gegen alle

(kirchliche) Institution groß, überhaupt gegen alle Festlegungen, was auch den Zugang zur Christengemeinschaft erschweren kann, wenn ihre äußere »Form« und nicht ihr geistiges Leben stärker wahrgenommen wird.

114 Kurt von Wistinghausen, Die erneuerte Taufe, Stuttgart [3]1988

115 Die Taufe bedeutet in der Tat »Aufnahme in die Gemeinde«. Allerdings muß diese Tatsache für das Kind eine ganz andere Bedeutung haben als für einen Erwachsenen, der mit vollem Bewußtsein Mitglied werden kann. Das Kind kann auf *seine* Weise – nämlich zunächst in den Tiefen seines noch unbewußten Daseins – die Segnung der Christus-Wirksamkeit erlangen, die in der Christengemeinschaft vorhanden ist; das geschieht durch die Taufe; es findet alle Wege offen; wie es sich später dazu stellt, muß seinem eigenen freien Willen überlassen bleiben; in Anlehnung an ein Goethewort kann man sagen: was dem Kind durch die Taufe an Gnade übergeben worden ist, muß es erst noch bewußt »erwerb, um es zu besitzen«. So wird auch für die in der Christengemeinschaft Getauften später noch die bewußte volle Aufnahme in die Gemeinde zu vollziehen sein, wenn der selbständige Wille des nunmehr Erwachsenen dazu erwacht ist.

116 Gegen die Taufe von Kindern wird oft ins Feld geführt, daß dadurch ein »Zwang« auf das Kind ausgeübt werde. Diese Auffassung kann nur entstehen, wenn man nicht berücksichtigt, daß die Seele des Kindes schon längst vor der Geburt existent ist und ihre Erdenverkörperung mit vorbereitet hat; sie hat zusammen mit ihrem Schicksalsgenius, ihrem Engel, Erdenort, Erdenzeit und die Umstände erwählt, die für ihre Erdenaufgabe richtig sind; zu diesen für das Schicksal wichtigen »Umständen« gehört neben Eltern und Geschwistern auch das religiöse Milieu,

in welches das Kind hineingeboren wird. Wenn ein Kind am Anfang seines Lebens getauft wird, so ist dies von der Seele des Kindes selbst mitgewollt. Oft ist es denn auch so, daß Eltern überhaupt erst durch die Ankunft eines Kindes den Anstoß erhalten, die Fragen nach dem religiösen Leben neu zu stellen und sich auf den Weg dahin zu begeben.

Aber noch in einer anderen Richtung geht die Vermutung, das Kind könne durch die Taufe einem Zwang ausgeliefert werden, in die Irre; man wird ja auch nicht von Zwang sprechen, wenn man das Kind nährt, denn die Nahrung *dient* dem Kind, sie macht ein menschliches Dasein erst möglich, sie ist *Grundlage* einer freien Willensentfaltung. In gleichem Sinne dient das religiöse Leben gerade dem Kind als seelische Nahrung – das wird jeder bestätigen können, der Kinder in dieser Hinsicht beobachten kann; Kinder brauchen Religion wie Nahrung; wenn sie hier unterernährt sind, wird sich das später als seelische Schwäche auswirken und seelische Unfreiheit zur Folge haben. Erziehung *zur* Freiheit muß in den ersten beiden Jahrsiebten gerade auch richtige religiöse Elemente in sich haben.

Rein äußerlich ist ein Zwang durch die Taufe nicht gegeben, weil ja der Getaufte später die Freiheit hat und haben muß, seine Zugehörigkeit zur Christengemeinschaft mit der Mitgliedsaufnahme erst voll zu realisieren – oder auch ruhen zu lassen.

117 Johannes Lenz, Die Konfirmation. Von der Kindheit zur Jugend, Stuttgart [2]1988

118 Weil das so ist, gelten als *volle* »Mitglieder« in der Christengemeinschaft nur Erwachsene, die als solche in die Gemeinde aufgenommen wurden – noch nicht die getauften Kinder, die ihr durch die Taufe zunächst auf besondere Art angehören (s. Anm.115). Deshalb sind auch Mitgliedszahlen der Christengemeinschaft nicht mit

190

denen der Kirchen vergleichbar, die die getauften Kinder mitzählen.

119 Die Kommunion wird in der Regel am Schluß der Weihehandlung an die Gemeinde ausgeteilt, und zwar in »beiderlei Gestalt« (in Brot und Wein) und verbunden mit dem Friedenswort. Es gibt aber auch Weihehandlungen, wo dies nicht geschieht. Dennoch haben alle Anwesenden auch da Anteil an der Kommunion, die der Priester am Altar ja nicht für sich, sondern *für* die Gemeinde vollzieht; der Vorgang ist dann ganz innerlich, aber real; es kann dabei durchaus von einer geistig wirksamen Kommunion gesprochen werden. So enthält der Kommunionsteil der Weihehandlung immer wieder das Motiv, daß der Christus nicht nur den Frieden mit der *Welt* in sich trägt und vermittelt, sondern daß er auch das »Leben der Welt« tragend und ordnend umfaßt – ein weiterer Hinweis auf den *Welt*aspekt der Kommunion.

120 Siehe Hans-Werner Schroeder, Vom Erleben der Menschenweihehandlung, Stuttgart [2]1986

121 Siehe das Pauluswort im 1. Kor. 7, 38.

122 Der Ausdruck »geistig-physisch« stammt aus dem ersten Satz des Credo: »Ein allmächtiges geistig-physisches Gotteswesen ist der Daseinsgrund der Himmel und der Erde …«. Literatur dazu s. Anm. 91.

123 Siehe Johannes Lenz, Lebensgemeinschaft und Trauung. Das Sakrament der Ehe, Stuttgart 1985

124 Durch den »Sündenfall« ist der Mensch in die Einseitigkeiten von Mann und Frau getrennt worden; er soll die ursprüngliche Einheit auf höherer Stufe in Zukunft wiedererlangen – die höchste Zielsetzung der Ehe auf ein ganz Zukünftiges hin; s. dazu auch H.-W. Schroeder, Der Mensch und das Böse. Ursprung, Wesen und Sinn der Widersacher,

191

Stuttgart 1984, Kapitel »Heilung der Sündenkrankheit: Die Ehe«, S. 366 ff., und »Flensburger Hefte«, Sonderheft Nr. 1, Partnerschaft und Ehe, insbesondere die Darstellungen dort von Wolfgang Gädeke.

125 Friedrich Benesch hat den zarten Bereich zwischen den Wesen als den eigentlichen Offenbarungsort des Christus in einleuchtender Art beschrieben in seinem Buch: Das Ereignis der Himmelfahrt Christi, Stuttgart [3]1987.

126 Der Ring als Symbol der Vollkommenheit ist alt. In der Trauung weist er auf die ursprüngliche und zukünftige Vollkommenheit des Menschen jenseits von Mann und Frau hin (s. Anm. 124).

127 Selbstverständlich wirkt das sakramentale Geschehen nicht »automatisch« weiter; aber es entfaltet seine Segenswirkung, wenn beide Eheleute sich regelmäßig an dieses Geschehen erinnern, seiner »inne werden«.

128 Siehe Johannes Lenz, Das Ereignis des Todes. Zum Umkreis der Bestattung, Stuttgart 1986

129 Darüber gibt es eine bemerkenswerte Äußerung Rudolf Steiners in: Erdensterben und Weltenleben (GA 181), Vortrag vom 5. 2. 1918 in Berlin:
»Ich habe öfter gesagt: Geisteswissenschaft will nicht eine neue Religion gründen, will auch nicht etwas Sektiererisches in die Welt setzen, sonst verkennt man sie vollständig. Ich habe dagegen oft betont, daß sie das religiöse Leben der Menschen vertiefen kann, indem sie reale Grundlagen schafft. Das Totenandenken, der Totenkult hat seine religiöse Seite. Auf dieser Seite des religiösen Lebens wird eine Grundlage geschaffen, wenn das Leben geisteswissenschaftlich beleuchtet wird. Aus dem Abstrakten werden die Dinge herausgehoben, indem das Rich-

tige geschieht. Es ist zum Beispiel nicht gleichgültig für das Leben, ob einem jugendlichen Menschen oder einem älteren eine richtige Totenfeier gehalten wird. Denn diese Dinge, ob eine richtige oder eine falsche Totenfeier einem Verstorbenen gehalten wird, das heißt eine Feier, die nicht aus dem Bewußtsein heraus kommt, was ein jugendlich verstorbener Mensch ist und was ein älter verstorbener – diese Tatsache, ob eine Totenfeier richtig oder unrichtig gemacht wird, ist für das Zusammenleben der Menschen viel wichtiger als ein Gemeinderatsbeschluß oder ein Parlamentsbeschluß, so sonderbar es klingt. Denn die Impulse, die im Leben wirken, werden aus den Menschenindividuen selbst herauskommen, wenn die Menschen im richtigen Verhältnis zu der Welt der Toten stehen. Heute möchten die Menschen alles durch abstrakte Struktur der sozialen Ordnung einrichten. Die Menschen sind froh, wenn sie wenig nachzudenken brauchen über das, was sie tun sollen. Viele sogar sind froh, wenn sie nicht viel nachzudenken haben über das, was sie denken sollen. Aber das ist ganz anders, wenn man ein lebendiges Bewußtsein, nicht nur von einem pantheistischen Zusammenleben mit einer Geisteswelt, sondern ein lebendiges Bewußtsein von einem konkreten Zusammenleben mit einer geistigen Welt hat. Man kann voraussehen ein Durchtränktwerden des religiösen Lebens mit konkreten Vorstellungen, wenn eben durch Geisteswissenschaft dieses religiöse Leben vertieft werden wird.«

130 Nicht immer hat der Tod diesen Charakter, aber doch oft. Überhaupt gehört das Sterben heute zum Individuellsten des Menschen.

131 Zur Frage »Glauben und Erkennen« s. Hans-Werner Schroeder, Das christliche Bekenntnis. Ein Übungsweg, Stuttgart ²1988

132 Zu dieser Frage s. auch Hans-Werner Schroeder, Dreieinigkeit und Dreifaltigkeit. Vom Geheimnis der Trinität, Stuttgart 1986

133 Siehe dazu Rudolf Steiner, Der Goetheanismus, ein Umwandlungsimpuls und Auferstehungsgedanke (GA 188).

134 Siehe Johannes Lenz, Die neue Beichte. Eine Einführung in das Sakrament, Stuttgart 1983

135 Worte aus der Bestattung.

136 Auf diesem Feld sind in einzelnen Gebieten anfängliche Schritte (zeitweise Kurse, berufsbegleitend) gemacht, sie müssen ausgebaut werden. Das wird in Zukunft auch für andere Berufe notwendig werden: Gemeindehelfer, Diakone, Jugendleiter u. a.

137 Verband der Sozialwerke: Geschäftsführung, Stuttgart 1, Urachstr. 41.

138 Als Beispiel sei die Errichtung des Altersheims der Christengemeinschaft in Dresden mit einer zugehörigen Kapelle (1986) genannt.

139 Freizeitstätten in der Bundesrepublik: Methorst (bei Rendsburg), Wolkenhof / Murrhardt (bei Stuttgart), Haus Freudenberg / Söcking (bei München), Haus auf dem Berge / Hauteroda (Thüringen), Land en Bosch, bei Hilversum (Niederlande), Maison J. F. Oberlin (Vogesen / Frankreich), Haus Bühl in Walkringen (Bern / Schweiz).